BERATEN IN DER ARBEITSWELT

Herausgegeben von
Stefan Busse, Heidi Möller, Silja Kotte und Olaf Geramanis

Ahuti Alice Müller / Ullrich Beumer

Beziehungen bauen

Die Dynamik zwischen Mensch und Raum in der Beratung

VANDENHOECK & RUPRECHT

Mit 8 Abbildungen

Bibliografische Information der Deutschen Nationalbibliothek:
Die Deutsche Nationalbibliothek verzeichnet diese Publikation in der
Deutschen Nationalbibliografie; detaillierte bibliografische Daten sind
im Internet über https://dnb.de abrufbar.

© 2024 Vandenhoeck & Ruprecht, Robert-Bosch-Breite 10, D-37079 Göttingen,
ein Imprint der Brill-Gruppe
(Koninklijke Brill NV, Leiden, Niederlande; Brill USA Inc., Boston MA, USA;
Brill Asia Pte Ltd, Singapore; Brill Deutschland GmbH, Paderborn, Deutschland;
Brill Österreich GmbH, Wien, Österreich)
Koninklijke Brill NV umfasst die Imprints Brill, Brill Nijhoff, Brill Schöningh,
Brill Fink, Brill mentis, Brill Wageningen Academic, Vandenhoeck & Ruprecht,
Böhlau und V&R unipress.

Umschlagabbildung: Volkmar Müller

Satz: SchwabScantechnik, Göttingen
Druck und Bindung: ⊕ Hubert & Co, Göttingen
Printed in the EU

Vandenhoeck & Ruprecht Verlage | www.vandenhoeck-ruprecht-verlage.com

ISSN 2625-6061
ISBN 978-3-525-40010-4

Inhalt

Zu dieser Buchreihe

Die Reihe wendet sich an erfahrene Berater/-innen, die Lust haben, scheinbar vertraute Positionen neu zu entdecken, neue Positionen kennenzulernen und die auch angeregt werden wollen, eigene zu beziehen. Wir denken aber auch an Kolleginnen und Kollegen in der Aus- und Weiterbildung, die neben dem Bedürfnis, sich Beratungsexpertise anzueignen, verfolgen wollen, was in der Community praktisch, theoretisch und diskursiv en vogue ist. Als weitere Zielgruppe haben wir mit dieser Reihe Beratungsforscher/-innen, die den Dialog mit einer theoretisch aufgeklärten Praxis und einer praxisaffinen Theorie verfolgen und mit gestalten wollen, im Blick.

Theoretische wie konzeptuelle Basics als auch aktuelle Trends werden pointiert, kompakt, aber auch kritisch und kontrovers dargestellt und besprochen. Komprimierende Darstellungen »verstreuten« Wissens als auch theoretische wie konzeptuelle Weiterentwicklungen von Beratungsansätzen sollen hier Platz haben. Die Bände wollen auf je rund 90 Seiten den Leser/-innen, die Option eröffnen, sich mit den Themen intensiver vertraut zu machen als dies bei der Lektüre kleinerer Formate wie Zeitschriftenaufsätzen oder Hand- oder Lehrbuchartikeln möglich ist.

Die Autorinnen und Autoren der Reihe werden Themen bearbeiten, die sie aktuell selbst beschäftigen und umtreiben, die aber auch in der Beratungscommunity Virulenz haben und Aufmerksamkeit finden. So werden die Texte nicht einfach abgehangenes Beratungswissen nochmals offerieren und aufbereiten, sondern sich an den vordersten Linien aktueller und brisanter Themen und Fragestellungen von Beratung in der Arbeitswelt bewegen. Der gemeinsame Fokus liegt dabei auf einer handwerklich fundierten, theoretisch verankerten und gesellschaftlich verantwortlichen Beratung. Die Reihe versteht sich dabei als methoden- und Schulen übergreifend, in der nicht einzelne Positionen prämiert werden, sondern zu einem transdisziplinären und interprofessionellen Dialog in der Beratungsszene anregt wird.

Wir laden Sie als Leserinnen und Leser dazu ein, sich von der Themenauswahl und der kompakten Qualität der Texte für Ihren Arbeitsalltag in den Feldern Supervision, Coaching und Organisationsberatung inspirieren zu lassen.

Stefan Busse, Heidi Möller, Silja Kotte und Olaf Geramanis

Einleitung

Mario L. fährt zur Teamsupervision nach Aachen. Der Auftraggeber[1] bringt ihn von der Rezeption seines Unternehmens in einen Besprechungsraum mit sieben großen Tischen und 14 schweren Konferenzstühlen. 14 Teilnehmende werden erwartet. Und der Raum passt so gar nicht.

Beratung findet in Räumen statt, immer. Jede beratende Person muss sich mit Räumen, also dem jeweiligen Setting, in den unterschiedlichsten Beratungsformaten auseinandersetzen. Die Wirkung von Räumen auf Beratungsprozesse ist nicht zu unterschätzen und verdient mehr Aufmerksamkeit in der Praxis sowie in der Aus- und Fortbildung von Beratenden. Dieses Buch leistet einen Beitrag zur systematischen Reflexion der Wechselwirkung zwischen Menschen und Räumen in der Beratung.

Identität und Raum – Woher komme ich?

Schon unsere Alltagskommunikation lässt wenig Zweifel daran, wie sehr unsere persönliche Identität an räumliche Bezüge gebunden ist: Werden wir gefragt, wer wir sind, nennen wir neben unserem Namen und unserem Geburtsdatum häufig auch den Ort, an dem wir geboren

---

1 Im Folgenden wird die männliche und weibliche Schreibweise alternierend verwendet. Im Sinne der gendersensiblen Sprache mögen sich alle jeweils mitgemeint fühlen.

sind oder leben, so als könnten wir mit der Nennung des (Geburts-) Ortes etwas ausdrücken, was unsere Identität unzweifelhaft ausmacht. Mit dem Hinweis, »dass wir – ob wir wollen oder nicht – an einem anderen Ort ein anderer Mensch sind« (de Botton, 2008, S. 13), ist der unauflösbare Zusammenhang von Ort, Raum und Identität angesprochen. Dies führt uns zu der Frage, welche Bedeutung Beratungsräume für die Identität der Beteiligten haben.

Spatial Turn – ein neues altes Verständnis der Bedeutung des Raums

Das in den Sozialwissenschaften bezeichnete Phänomen des »Spatial Turn« (Döring u. Thielmann, 2008) ist eine neuere Entwicklung und beschreibt die Wiederentdeckung des Raums als wichtiges Element menschlichen Handelns, Arbeitens, zwischenmenschlicher Beziehungen und persönlicher Identität. *Spatial Turn* widerlegt damit die seit Langem vorherrschende öffentliche und wissenschaftliche Diskussion um das »Verschwinden des Raums« (vgl. dazu ausführlich Döring u. Thielmann, 2008; Schlögel, 2003; Castells, 2001). Diese war maßgeblich beeinflusst durch die Entstehung neuer Informationstechnologien und die Digitalisierung der Welt, mit denen es mehr noch als mit Auto, Schiff und Flugzeug möglich geworden ist, riesige Distanzen scheinbar mühelos zu überbrücken bzw. gar nicht mehr wahrzunehmen. Und es ist nicht zu leugnen, dass dadurch in den vergangenen Jahrzehnten neben der physischen eine neue virtuelle Welt entstanden ist. Unübersehbar haben die mit der Globalisierung einhergehenden Prozesse von Flexibilisierung, Entgrenzung, Virtualisierung etc. jedoch nun auch ein neues Bewusstsein dafür bewirkt, dass die Orte, an denen wir wohnen, die Räume, in denen wir leben und arbeiten, die Dinge, mit denen wir uns umgeben, seit jeher so etwas wie eine Rückversicherung der eigenen Grenze vermitteln und so unsere psychische Stabilität stärken; diese Aspekte nehmen also einen neuen Stellenwert ein.

Veränderungen unserer Arbeits- und Lebenswelten – die Raumgestaltung als aktuelles Thema in Unternehmen

Die aufgeführten Faktoren der Veränderung von Welt, der Diskurs des *Spatial Turn* und nicht zuletzt die Coronapandemie lassen sich auch in einem neuen Verständnis für die Funktion von (Büro-)Räumen in vielen Unternehmen ablesen:

> »[Unternehmen] schaffen neuerdings Bürolandschaften, die dem Wohnumfeld ähneln, und wählen dafür Begriffe wie ›Begegnungsstätte‹, ›Möglichkeitsraum‹ oder ›Kommunikationszone‹. Ehemalige Schreibtischkolonnen avancieren zu Kreativorten für Austausch, Zusammenkommen sowie das gemeinsame Ideenentwickeln. Gleichzeitig aber werden persönliche Schreibtische ersetzt durch Desks, die von mehreren Kolleg*innen geteilt werden« (Müller u. Brünen, 2022, S. 10).

Die meist üblichen Einzelbüros sind in Auflösung begriffen, da Vereinzelung als hinderlich angesehen wurde für eine notwendige Kommunikation, die angesichts der geforderten Flexibilität im Arbeitskontext als unabdingbar galt. Innovationen, auf die besonders die Unternehmen angesichts des Dauerdrucks in der Globalisierung angewiesen waren, konnten – so die Erkenntnis – nicht im stillen Kämmerlein entstehen, sondern durch gegenseitige Inspiration und möglichst viel Austausch. Im Zentrum standen darum nun die erwähnten Großraumbüros mit flexiblen Arbeitsplätzen, Kaffeestationen, Spielmöglichkeiten, Meetingbereichen etc. Daraufhin folgte die Erweiterung in Richtung von Campusmodellen. Damit gemeint sind Zentrierungen betrieblicher Funktionen in einem räumlichen Bereich bei Beibehaltung getrennter Funktionsbereiche, die aber miteinander in Kontakt gebracht werden sollen. Gleichzeitig flexibilisiert das Campusmodell die Grenzen zwischen Beruf und Privatem, etwa durch Integration von Cafés, Restaurants, Kindertagesstätten, Sport- und Freizeitmöglichkeiten.

Dass Grenzen zwischen Privat und Beruflich verschwimmen und die Gestaltung neuen Raums im Arbeitskontext, wie wir sie darstellten, darauf Antwort finden muss, liegt per se in den Veränderungen des Privatlebens. So verliert die Familie als vorherrschendes Lebensmodell zunehmend an Einfluss, und aus der Vereinzelung des Menschen bei gleichzeitiger Sinnsuche folgt der Wunsch nach Selbstverwirklichung im Beruf. Mitarbeitende erleben Zugehörigkeit im Team oder in der Organisation, gleichzeitig aber wünschen sie sich eine ausgeglichene Work-Life-Balance. So wie die Arbeit via Homeoffice in das Privatleben einzieht, findet umgekehrt die Wohlfühl-Kultur in der Arbeitswelt ihren Niederschlag. Entsprechend gehören Themen wie Gesundheit, Aufenthaltsqualität und Bürodesign inzwischen zum State of the Art der Unternehmenskultur – das *Feelgood* soll zu einer besseren Arbeitskultur führen.

Von den beschriebenen Entwicklungen bleibt, neben der Fachberatung, auch das Feld der professionellen Beratung in Coaching, Supervision und Prozessberatung in Form von Organisationsentwicklung[2] nicht unberührt. Aus den Phänomenen der räumlichen Mobilität und der veränderten Arbeitsumgebung bilden sich also für alle Formen der Beratung neue Fragen und Perspektiven[3], denn die Neuerungen in Gesellschaft und Arbeitswelt haben neben aller Flexibilisierung und größeren Freiheit auch ein Gefühl elementarer Unsicherheit bewirkt. Der Kulturkritiker Daniel Schreiber spricht vom »zuhauselosen Zuhause« (2022, S. 80) als eine Art Dauerzustand des modernen Menschen, der sich zum einen in erhöhtem Beratungsbedarf von Privatpersonen und Organisationen niederschlägt.

Zum anderen sind davon auch die Beratenden selbst betroffen. Nehmen wir das Beispiel der Supervision: Stand in ihrer Entwick-

---

2   Die Beratungsformen haben sich differenziert, wobei die sogenannte »Prozessberatung« (die Beratungsform, die sich weniger auf fachliche und strukturelle Aspekte fokussiert) insbesondere durch die Entwicklungen in Supervision, Coaching und Organisationsentwicklung an Bedeutung gewonnen hat.
3   Eingeschlossen sind auch psychotherapeutische Interventionen, wie sie in Einzel- und Gruppenpraxen stattfinden.

lung als Profession lange Zeit die Idee der eigenen Praxis im Sinne einer freiberuflichen Tätigkeit in persönlichen Räumen im Vordergrund, hat sich in den letzten Jahren eine Entgrenzung dieser Beratungsform vollzogen. Sie findet nun bspw. als Training in eigenen Bildungszentren oder Hotels statt, so dass sich neben konventionellen Raumstandards auch Beratungsrollen verschieben (Näheres dazu im Abschnitt »Der multifunktionale Beratungsraum – Zeichen einer veränderten Professionalität von Beratenden«). Was bedeutet das aber für die Praxis von Beratenden und ihre Räume? Braucht es nicht gerade den geschützten, abgeschlossenen Beratungsraum, um zu entschleunigen und sich auf den Beratungsprozess einlassen zu können? Darüber haben wir nachgedacht und für die Beantwortung dieser Fragen folgenden Ausgangspunkt gebildet: Das Instrumentarium jedes Coaches oder jeder Beraterin umfasst grundsätzlich zwei Wirkfaktoren, nämlich *die beteiligten Personen* (die Beratenen und die Beratenden) und das *Setting* innerhalb eines gegebenen Raums. Die Relevanz dieser Überlegung wird klar, wenn wir bedenken, dass beide Faktoren aufeinander einwirken (in welcher Form, stellen wir später heraus) und in ihrer »Ausgewogenheit« durchaus zu einem fruchtbaren Beratungsprozess beitragen können.[4] Wie dies gelingen kann, möchten wir in diesem Band aufzeigen.

In Kapitel 1 stellen wir Theorien zur Wechselwirkung der Beziehung von Mensch und Raum vor. Dies reicht vom Raumbegriff über die Bedeutung des Beratungsraums bis zur Raumerwartung unserer Klienten. Im Kapitel 2 beschreiben wir unter Anwendung von Fallbeispielen Variationen von Beratungsräumen, darunter fremde, geteilte, multifunktionale und eigene Räume.

In Kapitel 3 erwartet Sie der Blick auf die konkrete Inszenierung von Beratungsräumen, einschließlich Sitzordnungen und Settings. Einen praktischen Leitfaden zur Gestaltung des eigenen Beratungsraums

---

4 Die noch im Entstehen befindliche Disziplin der Beratungswissenschaft, wie sie etwa an der Universität Kassel gelehrt wird, beschäftigt sich in diesem Kontext mit Beratungsarchitekturen und wissenschaftlich fundierten Interventionskonzepten.

und diagnostische Methoden zur Arbeit mit Räumen finden Sie in Kapitel 4 und 5 des Buches.

Wir beschließen unsere Reflexionen und Anregungen mit dem Abschied vom eigenen Beratungsraum und von der aktiven Rolle des Beratenden.

1 Die Dynamik zwischen Mensch und Raum

»Laotse sagt: Der Wert des Raums beruht nicht auf den Wänden, sondern auf dem leeren Raum zwischen ihnen. Ihr benutzt den Raum, nicht die Wände. Natürlich, wenn man ein Haus baut, dann baut man Wände, nicht die Leere, niemand kann die Leere bauen. Die Leere ist ewig, ist Teil der Natur, Teil der Existenz, ist nicht Menschenwerk. Häuser sind zwar Menschenwerk, aber nicht die Leere. Doch was benutzt ihr? Benutzt ihr die Wände oder benutzt ihr die Zwischenräume? Das Wort Raum ist gut: Raum signalisiert Geräumigkeit. Ihr benutzt den Raum, den Zwischenraum, die Geräumigkeit. Wo geht ihr hindurch, wenn ihr durch die Wände geht? Die Tür. Die Tür ist ein Loch. ›Tür‹ bedeutet das Ausgesparte, das, was nicht da ist – sonst könntet ihr nicht rein und raus gehen. Ihr geht durch die Tür, nicht durch die Wand. Und ihr benutzt den Raum, nicht die Wände.«[5]

Wechselwirkung der Beziehung

Jede Beraterin erlebt Situationen wie im eingangs aufgeführten Beispiel von Mario L. Ein gegebenes Setting passt nicht zum gewünschten Beratungsformat, und nicht immer lassen sich eine Sitzordnung oder ein Raumarrangement verändern oder anpassen. Oft ist es nur ein intuitives Unbehagen, das uns signalisiert: Hier stimmt etwas nicht.

---

5 Aus: Osho, Der weglose Weg – Das Tao des Loslassens. Innenwelt Verlag GmbH, Köln 2023, ISBN 978-3-947508-68-6.

Otto Friedrich Bollnow gelang 1963 mit »Mensch und Raum« ein Standardwerk zur Raumwirkung und eine erste zusammenhängende systematische Darstellung des Verhältnisses zwischen beiden. Seine wesentlichen Erkenntnisse sind:

> »In dem unmittelbar uns umgebenden Umraum leben wir so selbstverständlich, dass er uns in seiner Eigenart gar nicht auffällt und wir nicht weiter über ihn nachdenken […] ›Erlebter Raum‹ ist die subjektive Einheit zwischen Raum und Mensch, zwischen der subjektiven Befindlichkeit des Menschen und dem Raum, der ihn gerade umgibt« (Guderian, 2018, S. 42 ff.).

Raumwirkung und -stimmung

Wie Räume auf uns wirken, hängt nicht nur von der *Wahrnehmung* der Raumproportionen, des Lichts und der Farben ab, sondern auch davon, wie diese Faktoren unser individuelles Raumerleben beeinflussen. Bollnow spricht von der »subjektiv gefärbten Qualität eines Raumes« (Guderian, 2018, S. 60) und meint damit, dass jedem neuen Raum oder Ort schon in kurzer Zeit eine subjektive Bedeutsamkeit zukommt, die durch unseren Aufenthalt und die dort erlebten Gefühle hervorgerufen wird: »Verschiedene Räume können auf denselben Menschen in der gleichen Gestimmtheit gleich wirken; umgekehrt kann derselbe Raum auf verschiedene Menschen eine völlig unterschiedliche Wirkung entfalten« (S. 75). Jeder Raum bietet also eine gewisse Stimmung an und sie überträgt sich auf den Menschen. Die Wirkung hängt, wie beschrieben, auch von der Person selbst ab, die sich darin befindet, und von den Assoziationsmöglichkeiten, die der Raum bietet: »Die Stimmung des Menschen verändert sein Raumerleben genauso wie der äußere Raum seine Stimmung beeinflussen kann. Ludwig Binswanger spricht vom ›gestimmten Raum‹« (Grieser, 2011, S. 47). Die Atmosphäre eines Raumes kann heiter, leicht, düster, nüchtern oder feierlich sein, geheimnisvoll, verlockend, sie kann zu praktischen Tätigkeiten beflügeln oder künstlerische Inspirationen wecken. Sie kann auch Angst und Schrecken transportieren. Ein Raum kann ein Ort der Verwirklichung, ein Bedroher oder Bewahrer, Durchgang oder Bleibe, Fremde oder Heimat, Erfüllungsort und Entfaltungsmöglichkeit, Widerstand und Grenze u. v. m. sein. Er hat also die Tendenz, seine Eigenart dem Menschen überzustülpen.

Die Definition des Raumbegriffs

Die Psychologin Claudia Guderian führt zum Raumbegriff auf:

> »Das neue hochdeutsche Wort ›Raum‹ (vgl. althochdeutsch rūmi) bedeutet ›weit‹, ›geräumig‹. Der Begriff Raum von ›räumen‹ hergeleitet bezeichnet ursprünglich die gerodete Stelle im Urwald, die nun Platz schafft für eine Lagerstätte, ein Bett, einen Sitzplatz« (Guderian, 2018, S. 45).

Der Raum in ursprünglichem Sinne ist also nicht an sich vorhanden, sondern wird erst durch eine menschliche Tätigkeit geschaffen. Laut dem Fachpsychologen Jürgen Grieser (2011) ist der Raum in diesem Sinne nie ein unendlicher, sondern immer ein abgegrenzter Hohlraum, der durch eine kulturschaffende Aktion kreiert wird. So bauen schon Kinder ihren ersten eigenen Raum – unter dem Küchentisch entsteht eine Höhle mit Hilfe einer Decke.

Der Raum unserer Alltagswelten ist, so ergibt sich weiterführend aus oben Gesagtem, dadurch definiert, dass er ein konkretes Lebensbedürfnis erfüllt und von einem konkreten Lebensbedürfnis ausgefüllt werden kann. So gibt auch Bollnow an:

> »[D]as Wort Raum mit einem bestimmten oder unbestimmten Artikel versehen, [kommt] im Deutschen nur in der Bedeutung vom Raum als Teil des Hauses [vor], als Oberbegriff, der die Zimmer, Kammern, Küche und die anderen ›Räumlichkeiten‹ umfasst […] Sonst kommt das Wort Raum – ohne Artikel gebraucht –

vor allem als Bestandteil bestimmter fester Wendungen vor […], dass man ›Raum hat‹, oder ›Raum braucht‹, um sich auszubreiten und sich dann entsprechend auch ›Raum schafft‹« (Bollnow, 2010, S. 32).

Mehr Raum ist zugleich mehr Gelegenheit:

»Raum ist das Umgreifende, in dem alles seinen Platz, seinen Ort oder seine Stelle hat. Raum ist der Spielraum, den der Mensch braucht, um sich frei bewegen zu können. Raum wird zum Entfaltungsraum menschlichen Lebens, der nach den subjektiv-relativen Bestimmungen der Enge und Weite gemessen wird« (S. 37).

Guderian führt in diesem Zusammenhang zentrale Aspekte des Raumverständnisses nach Aristoteles auf: »Aristoteles spricht davon, dass es den Raum nicht nur gibt, sondern dass ›er eine eigene Kraft‹ hat, ›eine gewisse Wirkung ausübt‹ oder ›irgendeine Kraft von ihm ausgeht‹« (Guderian, 2018, S. 44). Der Raum ist also nicht statisch, sondern dynamisch. Der Philosoph Gaston Bachelard drückte es so aus: »[D]as erlebte Haus ist keine leblose Schachtel. Das Haus nimmt die physischen und moralischen Energien eines menschlichen Körpers an.« Somit erhält der durch den Menschen bewohnte Raum »eine neue Form […] und transzendiert den geometrischen Raum« (Bachelard, 2020, S. 67). Durch die Psychodynamik des Raumerlebens, wie sie hier anklingt, entsteht eine ständige Wechselwirkung zwischen aktueller persönlicher Gestimmtheit, biographischer Prägung und dem umgebenden Raum selbst. Das Raumerleben ist eng assoziiert mit affektiven Raumerfahrungen in der Biographie und wird zu einem gewissen Anteil auch durch kognitive Bewertungs- und Wahrnehmungsprozesse beeinflusst. So haben bspw. Menschen, die ihr Zimmer immer mit mehreren Geschwistern teilen mussten, als Erwachsene oftmals ein besonders starkes Bedürfnis nach einem Rückzugsort bzw. nach einem Raum nur für sich.

Der innere Raum

Die Architektur beschäftigt sich mit der Gestaltung des Raumes, in dem der Mensch lebt. Sie schafft eine Grenze zwischen Außen und Innen, wodurch ein Raum zum Aufenthalt und Tätigwerden sowie zur Aufbewahrung persönlicher Dinge entsteht, geschützt vor den unerwünschten Einflüssen der Außenwelt. Raum ist aber auch etwas, was man in seinem Inneren aufkommen lassen kann. Grieser spricht hier von einem psychischen Raum:

> »Die Entfaltung der eigenen Möglichkeiten hängt von der Entwicklung des inneren psychischen Raumes ab. Wenn dieser noch nicht genügend ausgebaut ist, kann man sich schwer ausmalen, dass man darin spielen, kreativ sein, lernen, denken oder etwas Neues entwickeln könnte. Sobald man diesen inneren Raum entwickelt, entsteht ein dreidimensionaler Raum: psychisch gesehen ein Frei- und Spiel-Raum, um Gefühle verdauen zu können, um schwierige Konfliktsituationen anders bewerten zu können, um herauszufinden, was einem selbst im Leben wichtig ist, und um neue Handlungs- und Gestaltungsstrategien zu entwickeln. Oder ein Freiraum, in dem Unbewusstes auftaucht und verstehbar wird« (Grieser, 2011, S. 53).

Räumliche und »psychische« Proportionen

Räume wirken zusätzlich durch ihre Proportionen: Enge und Weite, oben und unten, vorne und hinten. Auch Proportionen haben psychische Qualitäten und damit Einfluss auf uns. Ein kleines aufgeräumtes Zimmer kann einen Eindruck von *Weite* vermitteln, während ein großer vollgestopfter Raum eher ein Gefühl von *Enge* hervorruft. Eng ist, was die Entfaltung des Lebens behindert. Eng kann aggressiv machen. Ist der Raum hingegen zu weit, können wir uns in ihm verloren und nicht gehalten fühlen. Enge und Weite per se besitzen auf den Menschen bezogen noch weitere psychische Komponenten:

Geistig verengte und eingeengte Menschen sind uns oft unangenehm, sie können beengend wirken. Engstirnige Menschen haben einen eingeengten Wahrnehmungshorizont und können uns unter Druck setzen. Weitblickende Menschen schätzen wir. Auch Beratende wollen Weite vermitteln, innerliches Weitwerden, die Perspektive des eigenen Handelns und damit des Lebens weiten.

Das *Unten* ist die Erde, ist der Boden, das *Oben* ist der Himmel und der Mensch ist dazwischen. Er braucht einen »festen Boden« unter den Füßen, verliert er diesen, ist er ohne Halt. Mit der Höhe verbindet er das Gefühl der Weite, der Ferne, der Fremde, er hat den Überblick. In Räumen mit niedrigen Decken – z. B. im Souterrain – fühlt man sich schnell erdrückt, in sakralen Räumen mit hohen Decken klein und bedeutungslos. Das Gegensatzpaar Oben und Unten definiert auch die psychische Gefasstheit von Menschen – wir sind »am Boden zerstört« oder »himmelhochjauchzend«.

Vorne und *hinten* bestimmen die Hin- und Zurückbewegung im Raum, ausgehend vom Standort an der Tür. Die Bewegung, das Hin und Zurück, ist die grundlegende Dynamik des menschlichen Verhaltens im Raum. Das Vorn ist die Richtung, der man sich mit seiner Tätigkeit zuwendet. Man bewegt sich auf etwas zu, man macht Fortschritte. Erfolgreiche sehen sich vorne und oben. Vorn ist die Zukunft und hinten ist die Vergangenheit. Das ist wichtig für die Beratung und das Raumgefühl. Ein Raum kann die innere Bewegung des Menschen herausfordern. Je intensiver diese Bewegung stattfindet, desto stärker fühlt sich der Mensch mit dem äußeren Raum verbunden.

Raumverhalten und Territorialität

Der Anthropologe Edward Hall, Begründer der Proxemik[6], beschreibt das Raumverhalten als Aspekt der nonverbalen Kommunikation (Hall,

---

6   Hall erforschte systematisch, ebenso qualitativ und quantitativ den Zusammenhang von Abständen – auch im architektonischen Raum – und körperlichem Wohlgefühl. Proxemik hat dabei den Charakter von eher »ungeschriebenen« oder unbewusst wahrgenommenen territorialen Gesetzen.

1990): Abhängig von der gewünschten Interaktionsart, ebenso der Kultur, der Beziehungsform, dem Grad der Vertrautheit und der Situation werden unterschiedlich große räumliche Distanzen gewählt, also welcher Abstand zu einer anderen Person jeweils der subjektiv passende ist. Abstände wirken sich auf unser Befinden aus, in der Pandemie konnten wir das besonders beobachten und erfahren. Die Psychologin Antje Flade, die sich auch der Architekturpsychologie widmet, merkt dazu an:

> »Menschen sind bestrebt, einen bestimmten Abstand gegenüber anderen Personen einzuhalten. Der ›personal space‹ eines Menschen ist der den Körper umgebende emotional aufgeladene Bereich, der eine unsichtbare Grenze bildet […]
> Die Privatheit, das Privatsein, die Privatsphäre beinhaltet die Kontrolle der sozialen Beziehungen. Die Hauptfunktion von Privatheit ist, Grenzen zu schaffen, die helfen, die Ich-Identität zu stärken und aufrecht zu erhalten« (Flade, 2008, S. 123; 133).

Auch »in Supervision und Beratung stellt sich die Frage nach dem richtigen Abstand« (Müller, 2020, S. 4). Dort wird eine Distanzzone zwischen 1,20 bis 3,60 Meter eingehalten, in der keine Berührungen mehr möglich sind. Die Größe des Beratungsraums und die Gestaltung des Settings sind hierfür maßgeblich. Architektur erzeugt auch in diesem Kontext konkrete Grenzsituationen, die Konsequenzen haben für das körperliche und kulturelle Wohlbefinden. Jede Wand ist eine Grenze, optisch, akustisch, massiv – Schallschutz, harte und weiche Grenzen, gebaute Grenzen. In Beratungsräumen ist Privatheit, sind harte Grenzen unbedingt erforderlich, nicht nur akustisch, sondern auch visuell, denn kaum ein Klient möchte von anderen Beratenen, die sich in Nachbarräumen oder angrenzenden Zimmern aufhalten, gehört und gesehen werden.

Wer über Räume verfügen kann, hat Macht, denn er besitzt die Möglichkeit, andere bspw. über die Position von Sitzmöbeln fernzuhalten und kann somit also entscheiden, was in diesen Räumen stattfindet und was nicht. Ein Motiv, Räume zu besetzen und zu besitzen, ist deshalb, Einfluss ausüben und die Umwelt nach eigenen Vorlieben und Vorstellungen gestalten zu können. Diese Kontrolle von Raumaneignung und -nutzung beschreibt das Phänomen der Territorialität: »Während der ›personal space‹ an den Körper einer Person gebunden ist und mit der Person mitwandert, sind Territorien räumlich fixiert« (Flade, 2008, S. 127).

Jürgen Hellbrück und Manfred Fischer (1999, S. 337) unterscheiden dabei drei Arten von Territorien:

1. *Primäre Territorien* bezeichnen das eigene Zuhause, den individuellen Arbeitsplatz, den eigenen Beratungsraum. Sie sind persönlich höchst bedeutsam, werden als Eigentum wahrgenommen und nach eigenen Vorstellungen gestaltet; unerlaubtes Eindringen ist ein empfindlicher Verstoß.

2. *Sekundäre Territorien* bilden die Arbeitsorte ab: Arbeitsplätze im Großraumbüro, ggf. mit Desksharing, sowie der geteilte Beratungsraum und fremde Beratungsräume gehören in diese Kategorie, denn sie werden nur für eine bestimmte Zeitspanne sowie für bestimmte Zwecke genutzt und damit nur begrenzt angeeignet.

3. Als *öffentliche (tertiäre) Territorien* gelten Fußgängerzonen, Freizeitparks, Stadträume, Strände etc.

In diesem Buch werden wir uns vorrangig mit dem primären Territorium, dem eigenen Beratungsraum, und dem sekundären Territorium, den geteilten und den fremden Beratungsräumen befassen. Das dritte (tertiäre) Territorium tangieren wir mit der Beratung im Außenraum.

Psychodynamische Aspekte der Bedeutung von Beratungsräumen

Aus sozialpsychologischer Perspektive (insbesondere die einer psychoanalytisch inspirierten Sozialpsychologie) bilden Räume die materielle Basis einer spezifischen sozialen Praxis. Gleichzeitig sind sie die Grundlage einer einzigartigen Form des Erlebens und psychischer Bewegungen. Christopher Bollas fragt in diesem Zusammenhang nach einer Art »architektonischem Unbewussten« (2009, S. 47), also einer Form des Denkens und Erlebens, die unsere Projektionen auf Gebäude und Räume beeinflusst und von zahlreichen unerfüllten Wünschen und persönlichen Erfahrungen geprägt ist. Dazu lässt sich eine wichtige Grundannahme des Organisationstheoretikers Richard L. Daft (1983) heranziehen. Alle Räume und darin vorfindbaren Gegenstände in Organisationen hätten eine doppelte Funktion: eine *instrumentelle Funktion*, d. h., es geht um den Gebrauchswert eines Gegenstandes oder eines Raumes, gleichzeitig eine *Erlebnis-expressive Funktion*, durch die Bedeutungen, emotionale Zustände etc. vermittelt werden. Als Beispiel mag jeder beliebige Stuhl mit vier Beinen dienen, der in allen Fällen eine Möglichkeit schafft, um durch das Sitzen in eine bequeme und entlastende Position zu gelangen, in der Denken, Arbeiten, Sprechen usw. erleichtert werden. Gleichzeitig ist es nicht bedeutungslos, *wie* dieser Stuhl gestaltet ist: Ist er höher oder niedriger, aus welchem Material, mit oder ohne Armlehnen, gepolstert …? All das hat Auswirkungen auf das Erleben und meist auch auf die Selbstdarstellung der Besitzerin sowie eine intendierte Wirkung auf den Besucher, der ihn nutzt.

Dass materielle Umgebungen (neben Gegenständen und Räumen auch ganze Städte) durch ihre Architektur und Gestaltung in die Entwicklung mentaler Zustände und die Prägung der menschlichen Identität eingreifen, war eine frühe Erkenntnis von Alexander Mitscherlich. Dieser bezeichnete die materielle Umgebung in Form von Städten als »Prägestöcke« (Mitscherlich, 1965/1983, S. 516) für die Menschen.[7] Seine Erkenntnis beschreibt allerdings nur eine Seite der Dynamik und erscheint dabei zu deterministisch. Vielmehr ist jede Form der Behausung und Gestaltung der Räume umgekehrt auch Ausdruck der inneren emotionalen Verfassung der Menschen. Diese machen den Raum in einem komplexen Austauschprozess zu einem durch ihre jeweilige

---

7 Es handelt sich also um Faktoren, die die menschliche Psyche bzw. unsere Persönlichkeit verändern und determinieren.

Psyche und Interaktionen belebten Raum. So spricht bspw. Franz Xaver Baier illustrierend u. a. von »sinnvollen«, »erschlossenen«, »erstrittenen«, »durchlässigen«, »sexuellen«, »wogenden« Räumen (2000, S. 5 f.).

Mitscherlich äußerte eine zusätzlich wichtige Erkenntnis für die bewusste Gestaltung von Beratungsräumen: Räumliche Umgebungen leisten einen Beitrag zur physischen und psychischen Gesundheit der Bewohnenden und beeinflussen die Leistungsfähigkeit (Mitscherlich, 1965/1983). Der Architekt Gunther Henn (2009) bezeichnet Räume sogar als »mentale Immunsysteme«, die das Unbewusste auf subtile Weise ordnen.

Die grundsätzliche psychodynamische Perspektive auf Räume ist also, wie erwähnt, durch eine doppelte Blickrichtung geprägt: Zum einen fragen wir uns, wie Menschen ihre oft unbewussten Bedürfnisse, Fantasien, Gefühle und biografischen Erfahrungen in die Organisation bzw. in den Raum, in dem sie leben und arbeiten, projizieren. Zum anderen: Wie wirken die gestalteten Umgebungen und Räume so auf die Menschen ein, dass sie Teil ihres Selbst werden?[8]

Organization in the mind: im Schnittpunkt gesellschaftlicher und biografischer Einflüsse

Mit dem Begriff »organization in the mind« (Armstrong, 1991; Hutton, Bazalgette u. Reed, 1997) lassen sich vor- und unbewusste Dynamiken des Erlebens einer Organisation bzw. Institution beschreiben. Er bezeichnet ein innerpsychisch relevantes Konstrukt der emotionalen Erfahrung, das sich auch auf einzelne Elemente, wie etwa Räume, übertragen lässt, sozusagen ein »room in the mind«. *Organization in the mind* beinhaltet eine emotionale Reaktion auf diese räumlichen Ele-

---

8   Bollas (2009) weist Räumen und Gebäuden eine ähnlich wichtige Funktion wie den Träumen zu. Aus seiner Perspektive regen Räume zu einer inneren Auseinandersetzung an und dienen der Verarbeitung psychischer Inhalte. Auf diese Weise werden Architektur, Gebäude und Räume zu einem wertvollen und unverzichtbaren Teil psychischer Entwicklung, wie wir sie auch in Beratungsprozessen anregen.

mente der Organisation, eine Art Gegenübertragung. Diese ist doppelt gespeist: zum einen aus der inneren Reaktion auf die durch die Organisation angebotenen Ideale, Ziele, Institutionsgeschichte etc. und zum anderen aus der Übertragung eigener biografischer Erfahrungen und Beziehungs- bzw. Handlungsmuster auf die räumliche Situation. In diesem Kontext betont Margret Fell für pädagogische Einrichtungen:

> »Bildungshaus- und -raumkonzepte für Erwachsene sind nachweislich immer durch gesellschaftliche und bildungspolitische Entwicklungen sowie durch das damit in Zusammenhang stehende Selbst- und Aufgabenverständnis der Erwachsenenbildung beeinflusst worden« (Fell, 2009, S. 1203).

So haben sich bspw. durch die Demokratisierungsbestrebungen seit Mitte des vergangenen Jahrhunderts Sitzordnungen durchgesetzt, die weg von frontalen Settings hin zu dialogisch anmutenden Formen im Gespräch (wie etwa die Hufeisenform, der Kreis etc.) führten. Gleichzeitig sind Räume in Organisationen und in der Beratung immer auch Resultat und Ausdruck der jeweiligen Professions- bzw. Organisationskultur. Man kann die spezifische Raumgestaltung als Element der geplanten, aber auch der unbewussten Organisationskultur begreifen, die für Außenstehende Zugänge zum Verstehen tiefer liegender Dynamiken und Prozesse ermöglichen.

In solchen Momenten werden aber auch individuelle Raumerfahrungen wirksam: So schreibt der Kunstpädagoge und Gestaltungstheoretiker Gert Selle im Hinblick auf unsere räumliche Umgebung:

> »Im Tiefenraum der Ich-Geschichte bilden sich die Orientierungsmuster des Selbst als unverrückbare biographische Merkmale aus. Im Raum des Wohnens [und Ähnliches können wir für Räume des Arbeitens postulieren; Anm. d. Verf.] häufen sich Symbole der kulturellen und persönlichen Vergangenheit, die ein Orientierungssystem im psychischen wie im materiellen Sinne bilden« (Selle, 1996, S. 76).

Räume treffen also auf ein durch Raumbiografie und Raumsozialisation geprägtes Raumerleben, in dem jedes Element für Beratende und Klienten Unterschiedliches bedeuten kann. Wie sehr solche Erfahrungen prägen, wird etwa dann erlebbar, wenn wir z. B. bei einer Teamberatung in einer Kindertagesstätte oder auch in Schulen gezwungen sind, während der Beratung auf (zu) kleinen Stühlen und an Schultischen zu arbeiten. Dies gilt es bei der Planung von Beratungsräumen zu berücksichtigen.

Beratungsräume als transformative Räume

Erinnert sei an die eingangs aufgeführten gesellschaftlichen Veränderungen, die den Menschen zur Anpassung an die neuen Rahmenbedingungen in Gesellschaft und Arbeitskontexten zwingen, und dies mit einer in immer kürzeren Zyklen geforderten Bereitschaft. Diese Veränderungen führen zu einer Labilisierung und zur Notwendigkeit kollektiver und individueller Bewältigung, da sie grundlegend mit einer Zunahme an Trennungserfahrungen verknüpft sind: »[F]lexibel sein heißt, sich trennen können […] Wer sich immer wieder auf Neues einstellen muss, muss sich vom Vorausgehenden lösen, vertraute eigene Positionen verlassen können« (King, 2011, S. 1065).

Nun setzt jede geschaffene Übergangssituation grundsätzlich Ängste frei, wie wir aus der Untersuchung früher Trennungserfahrungen im menschlichen Leben (Mahler, Pine u. Bergman, 1980) wissen. Dies erfordert auch zunehmende Beratungsangebote in den Bereichen Coaching, Supervision und Organisationsberatung, denn die Bewältigung dieser Ängste geschieht mit Hilfe unterschiedlichster Operationen und Abwehrmechanismen, zu denen Beratungsprozesse einen wichtigen Beitrag leisten sollen. Neben dem feststellbaren Rückzug der inneren Verbundenheit und Identifikation mit den Organisationen (je weniger intensiv die Bindung, desto weniger schmerzhaft die Trennung, der Verlust im Fall einer beruflichen Veränderung) wächst der Wunsch nach Orten der Geborgenheit und psychologischer Sicherheit. Dies gilt auch und ganz besonders für

Beratungsräume, in denen es im Regelfall um psychisch bedeutsame Transformationsprozesse geht. Peter Jüngst entwickelte eine Systematik von Räumen mit »präsentativer Symbolik«. Darin unterscheidet er »Räume der materiellen Selbstkonstitution« (also die Räume des produktiven Arbeitens) von regressiven Räumen (z. B. Erholungsorte, Krankenhäuser etc.), intimen Räumen (Bad, eigenes Zimmer) und anderen Formen »transitorische[r Räume] mit asymmetrischen Beziehungskonstellationen« (Jüngst, 2000, S. 158). Zu ihnen lassen sich am ehesten Beratungsräume zuordnen. Diese sind institutionalisierte Übergangsräume im individuellen Sinn, gleichzeitig auch »heiße Orte« (Volkan, 1999, S. 224) gesellschaftlicher und institutioneller Veränderung und Entwicklung.

Aus der Sicht von Gianpiero und Jennifer Louise Petriglieri können wir die Beratung als »identity workspace«, als Ort der Identitätsarbeit betrachten. Mit dem Begriff »identity work« werden dabei alle Aktivitäten bezeichnet, »that individuals undertake to create, maintain and display personal and social identities that sustain a coherent and desirable self concept« (Petriglieri u. Petriglieri, 2008, S. 8). Die Verfassenden betonen dabei, dass diese Aufgabe von Individuen nur dann sinnvoll und konstruktiv gelöst werden kann, wenn bestimmte Voraussetzungen gegeben sind. Diese werden mit dem von Donald Winnicott (1984/1993) geprägten Begriff des »holding environments«, also einer emotional haltenden Umgebung, zusammengefasst und begegnen uns im Folgenden noch.

Wie sich die grundlegenden Funktionen bzw. Aspekte von Beratungsräumen im Hinblick auf psychodynamische Prozesse beschreiben lassen, soll tiefgreifender anhand von fünf Aspekten aufgezeigt werden, die Steen Visholm und Dorte Sandager (2020) bezüglich dieser Frage etablierten:

1. Containment

Das, was wir Identitätsarbeit nennen, geht, wie bereits beschrieben, einher mit einem dauerhaften Zustand der Labilisierung und Verwundbarkeit von Klientinnen, Teams oder ganzen Organisationen.

Die Entwicklung neuer Haltungen, Strukturen und Verhaltenswei-sen bedarf der Infragestellung und Überprüfung erworbener Ge-wissheiten. Die Klienten sind in dieser Phase ihrer Subjektwerdung stör- und verletzbar. Räume bilden dabei nach unserer Annahme neben einer angemessenen personalen Beziehung eine wertvolle strukturelle Form des *Containments* als Element der von Winni-cott aufgeführten haltenden Umgebung, die durch passende räum-liche Rahmenbedingungen Beratenen dabei helfen kann, Emotionen zu verarbeiten, mit denen sie schwer umgehen können. »Contain-ment« bezeichnet ein von Wilfred Bion (1997) entwickeltes Modell zum Umgang mit emotionalen Spannungszuständen. Dieses Modell bezieht sich dabei nicht nur auf das *holding environment,* sondern stellt auch einen Vergleich zur Haltung einer beratenden Person mit einem Behälter, also Container, her, der in der Lage ist, Frustratio-nen, Ängste und ähnlich starke Affektzustände aufzunehmen und sie zu *containen,* damit Klienten wieder in die Lage versetzt werden, überfordernde Situationen durch eigenständiges Denken zu bewäl-tigen. Durch dieses Zusammenwirken von *container* und *contained* entsteht Bion zufolge etwas Neues, Drittes, ein kreativer Gedanke, eine weitere Lösung, mithin eine stimulierende Verbindung und Er-fahrung (Lohmer, 2022).

Selle illustriert, wie die sichere Entdeckung und Eroberung des inneren Raums des Unbewussten in der Psychoanalyse mit einer Art Verdrängung des äußeren Raumes einher gingen:

> »Die Psychoanalyse beginnt die Erkundung des Innenraums der bürgerlichen Einzel-Psyche, als ob es dazu der Stabilität eines äußeren Raumentwurfs bedurft hätte; das Setting ist konventio-neller nicht zu denken. Der räumliche und kulturelle Orientie-rungssinn wird gleichsam stillgestellt; er darf beruhigt wieder-erkennen, während das Fremde aus dem Innern hervordrängt und alle Kraft einer darauf gerichteten Orientierung sich auf das Wiederholen und Verarbeiten im Psychischen richtet« (Selle, 1996, S. 75).

Zwar muss festgehalten werden, dass die aus der Psychoanalyse entstandene Therapieform nicht mit psychodynamisch inspirierten Beratungsprozessen gleichzusetzen ist, allerdings spielt der Zugang zu unbewussten Prozessen auch hier eine wichtige Rolle.

Aus diesem Grund ist es in der Regel wichtig zu klären, welche Art von Raum die größtmögliche Sicherheit im Sinne des *holding environments* bietet.

2. *Potential space:* Erinnerung, Zerstörung, Neuentwicklung

Der Beratungsraum, so führten wir an, ist Ausgangspunkt, Medium und Ergebnis der stattfindenden Interaktionen, die vor allem auf Entwicklung und Veränderung zielen. Von Winnicott stammt die Idee des »potential space« (1971, S. 124 ff.), des Möglichkeitsraums, der geschaffen werden muss, um solchen Wandlungen Platz zu machen. Hier vollzieht sich im Intimen ein generativer Akt als Entstehung von Neuem in Mikroperspektive. Der *potential space* schafft dafür Bedingungen, unter denen in wiederkehrenden Schleifen das Erleben von Vertrautheit, Sicherheit und Erinnerung einerseits und Trennung von Bekanntem, Zerstörung sowie Entwicklung von Neuem andererseits spielerisch möglich sind. Möglichkeitsräume als »generative Räume« und »kulturelle Revolutionen« (Kornberger u. Clegg, 2004, S. 1104 ff.) bieten durch ihre haltende Umgebung aber auch Gelegenheiten für zunächst weniger zielgerichtete Kreativität und Chaos. Wie *potential space* als Bühne für Neugestaltung nutzbar gemacht werden kann, zeigt u. a. das Konzept des »staging and being staged«, das wir Ihnen in diesem Kapitel noch vorstellen werden.

3. Projektionsfläche

Psychodynamisch orientierte Beratung beschäftigt sich mit unbewussten Prozessen, die von innen nach außen drängen, und andererseits mit Einflüssen, die sich Zutritt zum Inneren einer Person verschaffen und so auch das emotionale Erleben eines Raums prägen. Mit Hilfe der Abwehr- bzw. Regulationsmechanismen von Projektion (also der Veräußerlichung innerer, meist ungeliebter Teile nach dem Prinzip

»Inneres soll außen sein«) und Introjektion (der Verinnerlichung des »Außen«) werden psychische Konflikte, Dynamiken und Regungen erlebbar, be- und verarbeitet. Projektionen finden dabei nicht nur auf Personen oder Personengruppen statt, sondern auch auf die gegenständliche Umgebung, auf Dinge und Ensembles von Gegenständen bzw. den Raum insgesamt. Somit sind Räume psychodynamisch gesehen keine »leeren« Orte, und eine Grundidee der Beratung ist es, solche Externalisierungen zu fördern, Gelegenheiten zu schaffen. Das biografisch relevante Modell dafür ist das »Übergangsobjekt« (Winnicott, 1971, S. 10 ff.), mit dem Kinder lernen, Trennungs- und Ablösungsprozesse von der relevanten Bezugsperson zu bewältigen und kreativ zu nutzen. Dies sind in der frühen Kindheit z. B. Stofftiere, Bettzipfel oder auch andere emotional besetzte Gegenstände.

4. Der Beratungsraum als Selbstpräsentation

Der österreichische Künstler Friedensreich Hundertwasser postulierte, dass jeder Mensch drei Häute habe: die Menschenhaut als unsere intimste Hülle, zweitens die Kleidung, drittens die Lebensräume als physisch umbauter Raum. »Seine [Hundertwasser, Anm. d. Verf.] Sensibilität für das Dasein wird durch neue Fragestellungen bereichert […], damit kommen neue Häute zur konzentrischen Einhüllung der drei erstgenannten hinzu« (Restnay, 1998, S. 10 f.; s. Abbildung 1). Die (neue) vierte Haut besteht aus Familie, Freunden, Kultur, dem Land und der Gesellschaft, in denen wir leben. Unsere gesamte Umwelt, unser Aktionsraum, der ganz und gar durch die Vernetzung von Orten und Lebenswegen geprägt ist, bildet schließlich die fünfte Haut. Allen »fünf Häuten« sind die Möglichkeit zur Gestaltungsfreiheit und persönliches Wohlbefinden inhärent.

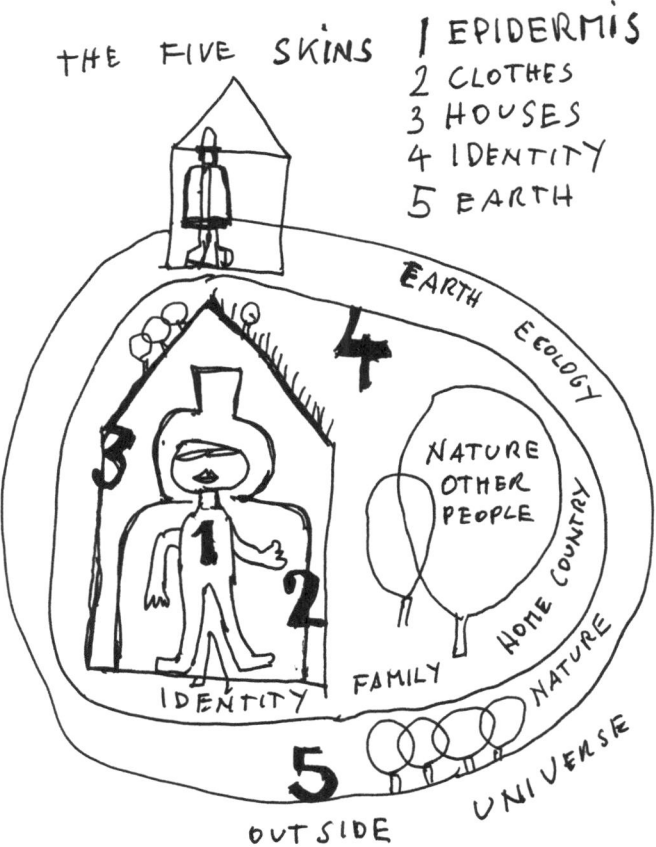

Abbildung 1: Friedensreich Hundertwasser: DIE FÜNF HÄUTE
DES MENSCHEN (Zeichnung, 1997 © 2022 Namida AG, Glarus/Schweiz)

Beratungsräume als »dritte Haut«, als Orte der bewussten oder unbewussten Selbstpräsentation, sind auch Element des »impression management« (Goffmann, 2003). Dies bezeichnet den Versuch, die Wahrnehmung und das Erleben des Gegenübers durch die Regulierung von Informationen in sozialer Interaktion zu beeinflussen. Wie sich das gestaltet, zeigt sich in folgenden drei Aspekten:

1) Beratungsräume dienen der *Präsentation unseres persönlichen Selbst,* so stellten wir bereits heraus. Dies beinhaltet unseren Geschmack hinsichtlich geliebter Objekte, mit deren Hilfe wir emotionale Erfahrungen, Erinnerungen und Bedeutungen ausdrücken und denen wir atmosphärisch Geltung verschaffen möchten.[9] So spiegeln etwa die Auswahl von Bildern im Raum, die Positionierung einzelner Objekte oder eine sehr bedachte Verwendung von Schreibwerkzeugen emotional besetzte Teile unseres persönlichen Selbst, denen wir als Beratende eine Bedeutung in unserem Handeln geben und dies auch dem Klienten gegenüber sichtbar machen.

2) Selbstpräsentation hat auch eine *professionelle Dimension:* Beratende signalisieren in der Regel durch die Einrichtung ihres Beratungsraums eine spezifische Vorstellung von ihrem Beruf bzw. Angebot, also ihrer professionellen Identität. Dies kann z. B. die typische Sessel-Sessel-Tisch-Kombination sein, die im Unterschied zur in der Psychoanalyse üblichen Couch eine stärker kognitiv getönte Arbeitsatmosphäre anbietet. Dazu gehören aber auch Insignien der beraterischen Profession wie das inzwischen unausweichliche Flipchart, Moderationskoffer etc. Beratungsräume, soweit sie als reine Beratungsräume konzipiert sind, bewegen sich dabei häufig in einem Spannungsfeld zwischen therapeutisch geprägter Atmosphäre, Business-Welt und einem halb privaten bzw. als professionellen Besprechungsraum konzipierten Setting (Martens-Schmid, 2016).

3) Schließlich kreuzen sich in der Beratung die *Selbstpräsentation der beratenden Person und die der Organisation* zur gleichen Zeit: Dies

---

9   Erweiternd dazu sind im Abschnitt »Der ›bedingte‹ Raum« die »linking objects« aufgeführt.

geschieht bspw., wenn Teamberatung oder Organisationsentwicklung in den Räumlichkeiten des Kunden oder der Klientin stattfindet. Um den unterschiedlichen Selbstdarstellungstendenzen ausreichend Raum zu geben, ist besondere Aufmerksamkeit erforderlich, denn hier reduziert sich die räumliche Selbstpräsentation der Beraterin oft auf mitgebrachte Tools, gestaltete und durchgesetzte Sitzordnungen oder sogar, wenn wir diese Erweiterung mitdenken wollen, auf die Kleidung. Gleichzeitig aber bietet das Corporate Design der jeweiligen Organisation (bspw. Fassade, Gestaltung des Eingangsbereichs und einzelner Räume, Inventar, Firmenlogo etc.) eine diagnostische Fundgrube von unschätzbarem Wert für den Beratungsprozess, denn: »Unternehmen kommunizieren mit ihren Räumen nach innen und nach außen«, so die Soziologin Martina Löw (2022, S. 42).

5. *Staging and being staged*

Nach Löw setzt sich Raumwirkung bzw. -vorstellung aus »Spacing« und Synthese zusammen. Mit *Spacing* sind Prozesse gemeint, die Gegenstände, Symbole und Menschen in Relation zu anderen Gegenständen, Symbolen und Menschen positionieren (hier könnte man auch von »Aufstellung«, »Platzierung« oder »Vernetzung« sprechen). Dieser zunächst scheinbar nur äußere Vorgang der Raumkonstitution wäre praktisch undurchführbar, wenn die einzelnen Elemente untereinander beziehungslos blieben. Es bedarf zusätzlich der inneren Synthese, mit der »über Wahrnehmungs-, Vorstellungs- oder Erinnerungsprozesse« (Löw, 2001, S. 59) das Material, die Symbole und die Personen zu einer schlüssigen Raumkonfiguration verknüpft werden.

In diesem Kontext schaffen Beratende eine Bühne, auf der unterschiedlichste Prozesse und Dynamiken sichtbar und auch beeinflussbar werden: Sie bieten eine spezifische Sitzordnung und Stuhlstellung für den Gruppenprozess an, die Teilnehmenden wählen einen ganz bestimmten Platz, kommen in einer spezifischen Reihenfolge, verschieben die Stühle, drehen sie möglicherweise um und signalisieren so wichtige (unbewusste) Bedürfnisse, Ansprüche, Widerstände etc. Der Raum bzw. das Setting bilden also unter der Wirkung von *Spa-*

cing und Synthese eine Art »Beziehungs-Bühnenbild« ab, auf das die Beteiligten eingehen und das sie sich kreativ aneignen.

Die Rolle der Beratenden als Hosts

Mit der Fokussierung auf den Beratungsraum verbindet sich auch ein informeller Aspekt der Beratungsrolle. Der Berater ist nicht nur Impulsgeber für Lernprozesse mittels seiner Interventionen, Hypothesen, Angebote etc., sondern gleichzeitig auch Gastgeber (»Host«) dieser Form der sozialen Interaktion.[10] Als solcher ist er nicht allein für das Produkt verantwortlich, sondern mehr für die Stimmung. Er schafft einen Raum, eine Atmosphäre, in der Lernen, Reflexion, Ausprobieren nicht nur möglich sind, sondern durch die räumliche Umgebung erleichtert werden. Der Raum ist somit eine Erweiterung des Selbst des Beraters.

Konkret geht es zunächst um das Management der Grenzen: Es beginnt bei der Vorbereitung des Raums, der Entscheidung über das gewählte Setting, der Sicherung einer auch im konkreten Sinne angemessenen Wärme und beim Schutz vor Störungen durch fremde Personen. Dies gewährleistet vor allem der Praxisraum per se bzw. entsprechende Hinweise auf die Vermeidung von Störungen etc. Eine gute gastgebende Person ist darüber hinaus in der Regel aufmerksam, präsent und entspannt.

Relevant ist das Bewusstsein von der Bedeutung des Gastgeberanteils der Beratungsrolle vor allem dann, wenn die Beratung in fremden Räumen, also etwa in den Räumen der beauftragenden Organisation, stattfindet. Da die Entscheidungen über die Gestaltungs-

---

10 Dies unterscheidet sich fundamental von der klassisch psychoanalytischen, aber inzwischen überholten Idee, dass das Gegenüber der Klientin eine leere Leinwand sein solle, die durch eine möglichst distanzierte, neutrale Atmosphäre im konkreten und übertragenen Sinne Raum für vielfältige Übertragungsprozesse schafft. In einem zeitgemäßen Verständnis von Beratung als interaktionellem Prozess wird die Persönlichkeit der Beraterin als wichtiger Faktor des Erfolgs gesehen, und der Umsetzung der Gastgeberinnenrolle kommt dabei eine neue große Bedeutung zu.

möglichkeiten dort meist eingeschränkt sind, bedarf es einer sorgsamen Vorbereitung und klarer Absprachen: Wo genau ereignet sich die Beratung? Wie soll der Raum vorbereitet sein? Wie können Störungen vermieden und Vertraulichkeit gesichert werden? Soll es bei den Sitzungen z. B. Getränke geben und wer sorgt ggf. auch für vollwertige Verpflegung, wenn es sich um längere Sitzungen handelt? Es muss spürbar werden, dass es der Beraterin nicht gleichgültig ist, unter welchen räumlichen Bedingungen die gemeinsame Arbeit stattfindet.

Eine gute (raumgestaltende) gastgebende Person zu sein, ist vor allem dann von elementarer Bedeutung, wenn es sich in der Beratung um Konfliktsituationen handelt, in denen die Schaffung eines *holding environments* oft Voraussetzung ist, um überhaupt miteinander arbeiten zu können.

Die Raumerwartung der Beratenen

Fallbeispiel: Gruppensupervision im anonymen Tagungsraum eines Hotels

Bernd D. bietet Gruppensupervision im Zentrum von Frankfurt an. Interessierte auf der Suche nach einem neuen Kontrollsupervisor, der im nahen Umkreis von Frankfurt tätig ist, nehmen Kontakt auf. Im ersten freundlichen Telefongespräch stellt sich heraus, dass Bernd D. keinen eigenen Beratungsraum zur Verfügung hat. In seinen Raum passen maximal drei Personen. Er schlägt vor, dass er einen Raum im gegenüberliegenden Hotel anmieten könne. Den Preis dafür könne er anfragen und dann zusätzlich zu seinem Honorar in Rechnung stellen.

Das löst bei den Teilnehmenden in der Gruppe, die bereits seit einigen Jahren gemeinsam Gruppensupervision machen, gemischte Gefühle aus. Was zeigt das über den Supervisor, wenn er Gruppensupervision anbietet und keinen (eigenen) Beratungsraum bereitstellen kann? Ist der Raum nicht, wie die Methodenkarten und das Flipchart, ein Arbeitsmittel? Sind ihre Erwartungen zu hoch? Oder müssen in Zeiten, in denen viele Unternehmen Raum einsparen und ihren Mitarbeitenden Desksharing verordnen, nicht auch die Klienten flexibler werden?

So, wie sich Klientinnen für oder gegen einen Berater entscheiden, indem sie sich bspw. ein »Bild über den Klang der Stimme am Telefon gemacht, Sympathie oder Antipathie registriert [haben]« (Guderian, 2018, S. 17), spielt auch die räumliche Komponente eine wesentliche Rolle: Stadt oder Land, die Lage im Stadtviertel und dessen soziokulturelles Milieu, Anmutung der Straße, der Institution, des Gebäudes, in dem sich der Beratungsraum befindet. Die Klienten erhalten über das erste Betreten des Beratungsraumes eine Momentaufnahme, tragen das Bild dann in sich und entscheiden sich im Nachhinein, ob sie in diesem Raum einen Beratungsprozess eingehen möchten oder nicht. Die Wellenlänge und die Chemie zwischen Klient, Berater und Raum müssen gleichsam stimmen.[11]

---

11 Auch der Weg zum Berater spielt eine wichtige Rolle für den Prozess. Die Klienten verbinden bereits an der eigenen Haustür mit dem Einschlagen des Weges Gedanken und Assoziationen an die kommende Stunde. Themen und Anliegen können sich auf der Fahrt entfalten, die Klientinnen beginnen sich vorzubereiten, konzentrieren und fokussieren sich in der Regel auf die Beratung. Dieser Weg kann als nach vorn verlagerter Teil der Beratungsstunde angesehen werden und bildet einen wichtigen Aspekt für das Sich-Einlassen auf die Sitzung.

2 Variationen von Beratungsräumen

Praktische Beispiele von Beratenden illustrieren im Folgenden typische Variationen von Beratungsräumen. Somit ergeben sich Aspekte und Fragestellungen, die wir reflektieren und in denen Beratende sich vielleicht auch wiederfinden können.

Der fremde Beratungsraum

Fallbeispiel: Ein Raum ermöglicht oder behindert Beziehung

Der damals junge Organisationsberater Armin M. und seine Kollegin Petra S., eine bekannte und erfahrene Organisationsberaterin, sind zum Akquisetermin eingeladen. Für das Leitungsteam eines Krankenhauses bereiten sie einen Präsentationsimpuls zum Thema »Führung« vor.

Sie treffen das Team in einem Raum der Klinik im Souterrain. Mit dem Chefarzt, der Klinikleitung mit Stellvertretungen und der Sekretärin sind neun Personen im Raum versammelt. Das Team tagt dort einmal monatlich einen ganzen Tag ohne Pause.

Der rechteckige Raum ist schmal und für neun Personen relativ klein. Durch die mittig angeordnete Eingangstür gelangt man zu einem Besprechungstisch, der am Boden festgeschraubt ist, also unverrückbar in der Flucht der Tür steht. Auf der gegenüberliegenden schmalen Raumseite befinden sich zwei Fenster. Eng hinter den Stühlen stehen Sideboards an den Längsseiten des Raums. Der Tisch ist gedeckt mit zwei großen Sahnetorten und zwei Tellern belegter Brötchen. Die beiden Stühle am Kopf des Tisches stehen für die Organisationsberatenden bereit, sie sitzen mit dem Rücken zur Eingangstür.

Weder Armin M. noch Petra S., die mit viel Feldexpertise im Klinik-
bereich in dieses Gespräch gegangen ist, können einen Kontakt zum
Leitungsteam herstellen. Es kommt kein Arbeitsbündnis zustande und
schlussendlich auch kein Auftrag.

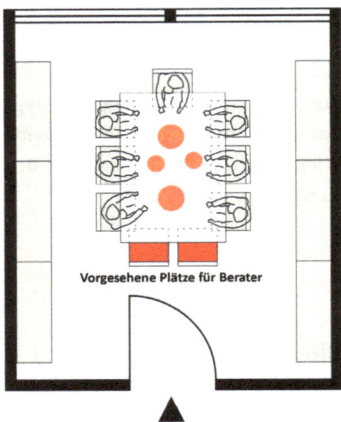

Abbildung 2: Grundriss
Besprechungsraum im Souterrain

Reflexion

Aus der heutigen Sicht von Armin M., der mittlerweile ein langjähriger
und erfahrener Organisationsberater ist, stellt sich die Frage: Sollten
der Raum und das Setting unbewusst ein offenes und konstruktives
Gespräch verhindern? Das Setting ist eng, statisch und unbeweglich.
Die Sideboards lassen nicht zu, dass die Personen auf den Stühlen nach
hinten rücken können. Die den Beratenden zugewiesenen Stühle sind
die schwächsten Sitzpositionen im Raum. Die räumlichen Bedingungen für guten Kommunikationsfluss sind ungünstig. Die Kaffeetafel
mit den zwei großen Sahnetorten und den üppig belegten Brötchen
für neun Personen lähmt, ermüdet und lenkt alle Beteiligten vom Gespräch ab. Sollten hier Münder gestopft und gesättigt werden? Was
wird auf unbewusster Ebene abgewehrt? Es entsteht keine Berührung

im Gespräch, die Positionen sind starr. Impulse gleiten am Leitungsteam ab. So ist kein Beziehungsaufbau möglich. Seit dieser Erfahrung klärt Armin M. die Raumfrage vorher ab, fordert ein, was er braucht, und gibt das Setting vor.

Unbekannte Räume erzeugen eine besondere Spannung, die zwischen Neugier und Horizonterweiterung einerseits und Ungewissheit und Angst andererseits hin- und herpendelt. Sie gehören den Beratenden nicht, ihre Verfügungsmöglichkeiten sind dementsprechend begrenzt. Zudem verdeutlichen die Gebäude und räumlichen Konstellationen, dass hier andere, ganz eigene Spielregeln gelten, die als Teil der Organisationskultur häufig unbewusst bleiben, aber wirksam sind. Das Eintreten des Beratenden in die fremde Organisation lässt förmlich körperlich spüren, welche Regeln und latenten Prozesse das Geschehen prägen und determinieren. Die Fragen, in welchem Raum die Beratung stattfindet, wie das Setting durch die Verantwortlichen gewählt wird und welche Funktionen dieser Raum sonst noch hat (z. B. Sozialraum oder Meetingraum des Vorstands), lassen Rückschlüsse über die Kultur der Organisation, aber auch über die Rollenzuweisung an den Beratenden zu. Gleichzeitig bringt der Verlust von Kontrolle über das Setting und die räumlichen Bedingungen auch einen enormen Zuwachs an diagnostischen Möglichkeiten, die sich üblicherweise in den Praxisräumen der Beratenden nicht direkt bieten, da dort die bewusste und individuelle Gestaltung des Raums bereits Vieles vorgibt (s. Abschnitt »Der Beratungsraum als Selbstpräsentation«). Die Künstlerin Jacqueline Hassink (2003) hat diese diagnostischen Möglichkeiten bspw. anhand verschiedener Fotografien von Chefbüros, Kaffeetassen, Meetingräumen etc. illustriert und deutlich gemacht, welche Rückschlüsse mehr oder weniger bewusst aus einer bestimmten Ausstattung, Gestaltung und Anordnung gezogen werden können.

In fremden Beratungsräumen kommt vor allem drei Bereichen der Organisation, ihrer Gebäude und Ausstattung große Bedeutung zu: die Eingangssituation, Meetingräume und die geteilte Host-Rolle.

Die Eingangssituation

Eingänge markieren die Grenze zwischen verschiedenen Systemen, zwischen dem Drinnen und Draußen. In der Eingangstür, die Innen- und Außenraum sowie, wenn es um Wohnungen geht, Öffentlichkeit und Privatheit trennt und gleichzeitig verbindet, ist eine tiefe kultur- und menschheitsgeschichtlich verankerte Symbolik spürbar. So schreibt Selle:

> »Das Betreten der Schwelle ist ein scheinbar alltäglich-normaler, im Grunde aber kulturell und sozial aufgeladener, psychodynamischer Akt, in dem alle Überwindungen mitschwingen, die einmal geleistet werden mussten, ehe entweder ein unbekanntes Innen betreten oder etwas Fremdes von außen eingelassen werden konnte« (Selle, 1996, S. 34).

Man kann behaupten, dass der Eingangsbereich eine verdichtete Form des Übergangsraums darstellt, in dem sich der komplette Akt des Verlassens, Verharrens und Neuorientierens ständig wiederholt. Gerade wenn wir fremde Gebäude erstmals betreten, spüren wir die damit verbundene emotionale Situation. Der Berater Joachim Freimuth hat dies in einem Artikel mit dem schönen Titel »Herzlich beklommen – Zur Psychologie des Betretens fremder Gebäude und Räume« genauer beschrieben: Die Geschwindigkeit des Schrittes wird zögernder, die Nähe monumentaler Gebäude legt sich auf die Atmung, die Konversation wird kärglicher, leiser. Diese Vorsicht ist eine Reaktion auf die grundlegende psychische Bedrohung beim Eintritt in eine neue, fremde Welt (Freimuth, 1990).

Nun mag das Betreten einer für die Beraterin neuen Organisation vielleicht weniger dramatisch ablaufen. Was aber bleibt, ist die durch die Situation und den Charakter des Eingangs bewirkte innere Einstimmung auf die Welt, die andere Kultur, die dahinter liegt. Dabei kann man sagen, dass die meisten Gebäude »sprechen«, d. h. durch die Art und Weise, wie sich der Zugang gestaltet, wichtige Botschaften aussenden. So gibt es noch oft konzentrische Hemmschwellen, die die Schutzfunktion des Eingangs und die Unterwerfungsnotwendigkeit unter die Regeln der neu betretenen Welt betonen: Stufen, schwere Türen, monumentale angstfördernde Eingänge lassen uns demütig werden.

Meetingräume

Für die Beratung sind die gewählten Meetingräume von besonderer Bedeutung, in denen die Beratung, sei es eine Einzelberatung oder auch eine Teamsupervision, stattfindet. Wie im Fallbeispiel beschrieben, sind mehrere Überlegungen relevant: Welche Funktion haben diese Räume sonst? Wer trifft sich dort, welche Führungs- bzw. Mitarbeiterebene nutzt diesen Raum? Wie ist er ausgestattet, was sagt das über die Organisation insgesamt aus? Schließlich stellt sich auch hier, wie im Abschnitt »Die Rolle der Beratenden als Hosts«, die Frage, wie der Raum vorbereitet ist, wie also der Auftraggeber seine Gastgeberrolle interpretiert: Ist eine für die Beratung sinnvolle Sitzordnung hergestellt, gibt es ein Angebot zur Verpflegung etc.?

Die geteilte Host-Rolle

Auch wenn wir im fremden Raum zunächst einmal Gast sind, zeichnen wir für das Beratungssystem verantwortlich, die Beratenden sind »Hüter des Settings«. In diesem Sinne muss man von einer geteilten bzw. kooperativen Host-Rolle ausgehen. Wichtig ist, dass die Beratenden sich die fremden Räume temporär und begrenzt zu Eigen machen, um eine qualitätsvolle Arbeit zu sichern. Dies geschieht dadurch, dass in der fremden Organisation über die Beratungsräume »territoriale Inseln« (Molcho, 2021, S. 63) für die Beraterin geschaffen werden, der Beratungsprozess also ein eigenes Zuhause erhält, in dem alle Beteiligten sich sicher und heimisch fühlen können.

Eventuellen Abweichungen von den getroffenen Übereinkünften zu Raumverfügbarkeit, Ungestörtheit und Setting (z. B. steht noch Restgeschirr auf dem Tisch, Arbeitsmaterial ist nicht vorhanden usw.) kann mit zwei Lösungsmöglichkeiten begegnet werden: Zum einen kann dies seitens der Beratenden diagnostisch verwendet und ggf. besprochen werden (Warum gelingt es nicht, Absprachen einzuhalten? Warum übernimmt keiner die dafür notwendige Rolle? Was hat das Team gehindert, entsprechende Vorbereitungen zu treffen? etc.). Zum anderen erfordert es aber auch, präventiv zu intervenieren, z. B. mittels einer Klärung, wie das vereinbarte Setting in Zukunft gewährleistet sein kann oder ggf. korrigiert werden muss.

Der geteilte Beratungsraum

Geteilte Beratungsräume zählen, wie auch fremde, zu den sekundären Territorien im System von Hellbrück und Fischer (1999). Sie werden für eine bestimmte Zeitspanne sowie für bestimmte Zwecke genutzt und damit nur begrenzt angeeignet. Besonders am Anfang der beruflichen Tätigkeit bietet es sich an, einen Raum mit den Kollegen zu teilen, wenn man Kosten sparen möchte und erst noch in die professionelle Rolle hineinwachsen muss. Manche entscheiden sich bewusst für gemeinsame Räume, weil sie den Austausch mit Kolleginnen in unmittelbarer Nähe dem Alleinarbeiten vorziehen. Im folgenden Beispiel sehen wir, wie es zwei Beratenden ergangen ist.

Fallbeispiel: Wie die Raumaufteilung Status und Beziehung spiegelt
Die befreundeten Kollegen Hans L. und Knud S. gründen eine Beratungsfirma. Knut S. ist ein ehemaliger Supervisand von Hans L. Gemeinsam mieten sie Räume im 5. OG eines Ärzte- und Beraterhauses. Die Räume wurden vorher als Wohnung genutzt und nach den Wünschen beider räumlich leicht verändert und komplett renoviert.

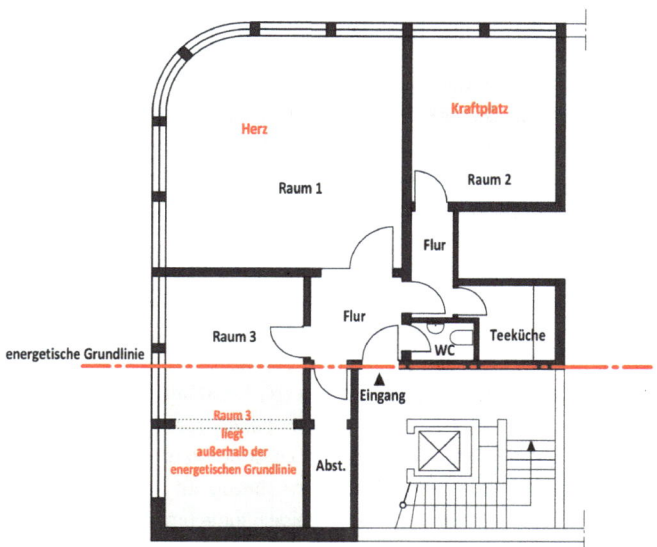

Abbildung 3: Grundriss der gemeinsam genutzten Wohnung

Die Kollegen teilen die Räume auf und wollen den größten Raum (Raum 1) in Absprache gemeinsam nutzen. Nach Bezug arbeitet Hans L., Business-Coach und passionierter Läufer, häufig außerhalb bei seinen Klienten in den jeweiligen Organisationen. Außerdem nutzt er öfter mit ihnen einen Spazierpfad als Coachingroute für die Beratung. Knud S. berät überwiegend in den gemeinsamen Räumen und nutzt insbesondere Raum 1 intensiv.

Durch die Pandemie bricht die Beratungstätigkeit stark ein, externe Beratende dürfen nicht mehr in Organisationen arbeiten, Teams und Gruppen finden aufgrund der neu verordneten Abstandsregeln nicht mehr zusammen. Das hat Auswirkungen. Beide Berater brauchen nun Raum 1 für ihre Einzelprozesse, da nur in diesem Raum die erforderlichen Abstände eingehalten werden können.

Knut S. kann die Ansprüche von Hans L. auf die Belegung von Raum 1 nur schwer gewähren bzw. respektieren. Raum 1 ist inzwischen gefühlt zu »seinem« Raum geworden, den er nach seinem Belieben ohne Abstimmung nutzt. Dieser Prozess läuft unbewusst ab und wird erst durch die äußeren Umstände und die neuen Ansprüche von Hans L. auf Raum 1 deutlich. Die Auseinandersetzung um den Raum führt letztendlich zum Bruch der Geschäftspartnerschaft.

Reflexion

Berater Knut S. wählte anfangs mit Raum 2 den Kraftplatz der Praxis. Das ist der Raum, der am entferntesten von der Eingangstür und im Energiefeld der Einheit liegt. Der Raum stärkt Knut S. in seiner Position.

Hans L. hingegen hatte sich bei Bezug für Raum 3 außerhalb des Energiefeldes entschieden (der Raum vor der energetischen Grundlinie, die entlang der Eingangstür verläuft). Es ist der Raum, der eine »Auswärtsthematik« in sich trägt und der ihn in Bezug auf die Inbesitznahme der gemeinsamen Räume schwächt. Beide Räume umschließen Raum 1, das Herzstück der Berater-Praxis, den sie gemeinsam nutzen möchten.

Das Arrangement der Berater geht gut, solange Hans L. vor allem auswärts tätig ist. Durch das neu aufkommende Nutzungsverhalten der Berater haben sich die Raum- und Positionsverhältnisse verschoben. Die Auseinandersetzung über die Belegung des Raumes fördert tieferliegende Konflikte wie Macht- und Konkurrenzverhalten zutage, die dann schließlich zum Bruch führen.

Während des Trennungsprozesses entscheidet Knut S., sich neue Räume zu suchen. Hans L. bleibt in den Räumen. Er wird ausschließlich Raum 1 für seine Arbeit mit den Klienten nutzen, Raum 2 dient für seine Schreibtischtätigkeit, seine konzeptionellen Arbeiten. Somit beansprucht er das Herz der Einheit ganz für sich, macht sich den Kraftplatz zu Nutze und stärkt so seine Position in den Räumen. Raum 3 mit der Auswärtsthematik wird er an einen Kollegen untervermieten.

Somit nimmt Hans L. nun die starken Räume ganz für sich ein. Diese Raumeinnahme stellt sich im weiteren Gespräch als ein Thema heraus, das er aus anderen Zusammenhängen kennt.

Eine Konstellation mit Haupt- und Untermieter wiederum ergibt sich, wenn eine Beraterin schon Räume angemietet hat und später jemand dazukommt. In dieser Beziehungsdynamik wirkt dann häufig ein Host-Prinzip, wenn es beim Gastsein im Beratungsraum der anderen bleibt und es keine Möglichkeit gibt, sich diesen zu eigen zu machen. Auch gilt hier oft das Ältestenrecht: Wer zuerst kommt, mahlt zuerst. Wichtig ist an dieser Stelle die Überlegung, was es von beiden Seiten braucht, um einen Raum gerecht miteinander teilen zu können. Ein wichtiger erster Schritt: Die Beraterin, die den Raum nach ihren Vorstellungen gestaltet hat, sollte dem neuen Kollegen die Möglichkeit geben, die Raumnutzung und das Raumarrangement zusammen mit ihr zu überdenken, um sie den gemeinsamen Bedürfnissen anzupassen. Das bedeutet damit auch Platz zu schaffen, so dass sich der Hinzugekommene ebenfalls entfalten kann. Sollte das nicht gelingen, könnten sie gemeinsam neue Räume suchen.

Der eigene Beratungsraum

Der eigene Beratungsraum zählt zu den primären Territorien, über die Beratende vergleichsweise dauerhaft verfügen. Der Raum wird als Eigentum, als »mein Raum« wahrgenommen und bedarf eines achtsamen Umgangs durch andere. »Einen Raum zu erschaffen, in dem Denken und Fantasieren möglich ist, ist manchmal schon das wichtigste Therapeutikum« (Warsitz, zit. nach Grieser, 2011, S. 292). Das bringt aber auch Herausforderungen mit sich: Es bedeutet, dass dieser eigene Raum ganz durch einen selbst gefüllt und belebt werden will. Zudem sollte sich die Investition in die Raummiete lohnen, denn die Verantwortung für den Raum und die Kosten trägt man alleine und der schnelle Austausch mit der Kollegschaft ist nicht gegeben. Das kann häufig als zu hohe Belastung empfunden werden, gerade wenn man sich als Berater selbstständig macht. Auch kann es ein großes Hindernis bedeuten, einen Raum zu finden und nach eigenen Vorstellungen zu gestalten. Im folgenden Beispiel beschreibt Michaela H. ihren Prozess.

**Fallbeispiel: Mit dem ersten eigenen Beratungsraum
in die neue Rolle wachsen**

Die Supervisorin Michaela H., eine Frau um die fünfzig Jahre, ist in Teilzeit als Leitungskraft angestellt und arbeitet parallel als Supervisorin selbstständig mit Teams in deren Institutionen. Sie hat sich einen kleinen Beratungsraum für Einzelsitzungen privat in ihrem Zuhause eingerichtet. Seit längerem spielt sie mit dem Gedanken, ihre Teilzeitstelle zu kündigen. Sie möchte den Schritt in die Selbstständigkeit wagen, zögert aber noch. In einer zufälligen Begegnung erfährt sie von einem Raum, für den eine Nachmieterin gesucht wird.

Raum: »Ich bin ein Raum im Erdgeschoss eines Altbaus, fünf Minuten vom Zuhause von Michaela H. entfernt, in einem lebendigen und beliebten Viertel unserer Stadt. Viele in der Nachbarschaft kennen mich, weil ich schon lange da bin und die Menschen direkt an mir vorbeigehen, zu mir reinschauen können. Ich war ursprünglich ein Ladenlokal mit einem großen Schaufenster.«

Michaela M., von ihrem Charakter eher besonnen und zurückhaltend, nimmt den Hinweis auf den Raum als Zeichen, sich als Supervisorin selbstständig zu machen. Sie entscheidet sich kurzfristig, mit ihrem ersten eigenen Beratungsraum in der Öffentlichkeit sichtbar zu machen: Ich meine es ernst.

Raum: »Ich war so gespannt, was sie nun aus mir machen würde. Ein Beratungsraum, ein geschützter Raum für sie und ihre Klienten sollte ich werden. Dabei bin ich genau das Gegenteil: sehr extravertiert und offen mit meinem großen Schaufenster im Erdgeschoss. Ich bin kein Rückzugsraum, in mir kann man sich nicht verstecken.«

Die Supervisorin klebt als allererstes fast das ganze Schaufenster zu und schafft einen Sichtschutz vor den Passanten, die direkt vorbeigehen. Sie fühlt sich wie auf einem Präsentierteller, verwandelt und renoviert den extrovertierten Raum um zu einem von der Straße abgewandten. Sie streicht Wände, sucht nach passenden Vorhängen und schiebt Sessel hin und her.

Raum: »Ich wurde zugeklebt, meine Wesensmerkmale verkümmerten, mein Charakter veränderte sich, ich wurde traurig. Dabei fordere ich die Menschen doch heraus, selbstbewusst aufzutreten und sich zu zeigen. Sie hängt noch nicht mal ein Praxisschild an der Fassade auf. Die ersten Monate war sie wie anonym, nicht sichtbar.«

Nach ihrem Abschied aus der Teilzeitanstellung, der anfänglichen Unsicherheit und der Eingewöhnung und letztlich mit dem Beginn der Beratungstätigkeit findet Michela H. immer mehr in ihre Kraft und nimmt den Raum schließlich an. Sie bezieht das Schaufenster in ihre Gestaltung ein. Mit einer großen Pflanze schafft sie einen »Zwischen-raum«, einen Übergang vom Schaufenster zum Beratungssetting. Sie hängt ein Praxisschild auf. Schließlich tauscht sie die abweisend wir-kende Sichtschutzfolie gegen eine neue einladende Motivfolie.

Reflexion
Nach sechs Monaten sagt die Supervisorin: »Mit dem Raum haben sich neue Möglichkeiten für mich eröffnet. In meiner Rolle als selbst-ständige Supervisorin bin ich viel selbstbewusster geworden und habe mich neu positioniert. Mir war nicht bewusst, auf was für einen Raum ich mich eingelassen habe. Doch die extrovertierte Anordnung hat mich transformiert und eingefordert, dass ich diesen Prozess von der Anstellung in die volle Selbstständigkeit durchlaufe und sichtbar werde.«

Bachelard untersuchte, wie wir Räume – vor allem Innenräume – wahrnehmen und was sie in uns auslösen. Unsere Räume sind ihm zufolge nicht nur ein »Instrument zur Analyse der menschlichen Seele« (Bachelard, zit. nach Schreiber, 2022, S. 115), vielmehr *glei-chen* sie unserer Seele und bestimmen, wer wir sind und wer wir wer-den. Somit stellt sich die Frage: Wer findet wen? Die Beraterin den Raum oder der Raum die Beraterin?

Dabei prägen auch unsere Vorerfahrungen mit Räumen (die Lebensräume der Kindheit und wie wir aufgewachsen sind) unser Raumempfinden und hinterlassen einen Abdruck. Der französische Soziologe Didier Eribon drückt es so aus: »Die Spuren der Welt, in der wir aufgewachsen sind, wirken im Erwachsenenleben fort, auch wenn man unter völlig anderen Umständen lebt und leben möchte, selbst wenn man denkt, man habe mit seiner Vergangenheit abgeschlossen« (Eribon, zit. nach Schreiber, 2022, S. 43).

Der multifunktionale Beratungsraum – Zeichen einer veränderten Professionalität von Beratenden

So, wie Unternehmen seit geraumer Zeit mit verschiedenen Raumkonzepten jenseits der klassischen Einzelbüros experimentieren, signalisiert der multifunktionell genutzte Beratungsraum eine Änderung im professionellen Selbstverständnis von Beratenden. Neben der Einzelarbeit bzw. Beratung im Zwei-Personen-Setting rücken kollaborative Formen der Arbeit (Gruppen- und Teamberatungen, informeller Austausch und flexible Angebote) in den Vordergrund.

Fallbeispiel: Ein Arbeitstag

Bernd S. beginnt seinen Arbeitstag um 8.30 Uhr und startet den Computer an seinem Schreibtisch im Fortbildungsinstitut. Um 9 Uhr ist ein erstes Online-Coaching angesetzt, dem nach einer kurzen Pause ein zweites folgt. Anschließend gibt es eine kurze Absprache mit dem Kollegium und Mitarbeitenden. Danach arbeitet Bernd S. ca. eine Stunde am Schreibtisch, um eine Präsentation für ein Meeting vorzubereiten. Nach der Mittagspause findet ein weiteres Meeting mit einem Kunden statt, um einen geplanten Workshop differenziert zu planen. Dazu hat Bernd S. den Beamer und die Leinwand vorbereitet, auf der eine mögliche Agenda präsentiert wird. Danach gibt es noch ein Einzelcoaching im Institut. Zum Abschluss des Tages bereitet er den Raum vor, stellt die Stühle in einem geplanten Setting für ein Fortbildungsmodul auf, das am kommenden Tag und am Wochenende in den Beratungsräumen stattfinden wird, und legt das Material für das Modul bereit.

So oder ähnlich könnte der Arbeitstag eines Beraters aussehen, der über seine Coachingtätigkeit hinaus ein differenziertes Interventionsangebot entwickelt hat. Die dazu nötigen räumlichen Rahmenbedingungen erfordern eine andere Raumkonzeption in Richtung eines flexibel und multifunktional zu nutzenden Raumes. Sie folgen also nicht zufälligen persönlichen Vorlieben; vielmehr sind sie das Ergebnis einer weitreichenden Entwicklung des Beratungsformats und einer spezifisch ausgerichteten Professionalität bzw. Multiprofessionalität, die mit Anklängen an Traditionen der Weiterbildung im Mittelpunkt stehen.

Die erweiterte Konzeptualisierung des Beratungsraums bildet sich in mehreren Dimensionen ab:

1. Der multifunktional zu nutzende Beratungsraum symbolisiert eine *methodische Erweiterung bzw. Differenzierung des Interventionskonzepts.* So können etwa zusätzliche Stühle im Raum genutzt werden, wie wir sie aus dem Psychodrama und der Gestaltarbeit kennen, eine Couch lässt auch therapeutisches Arbeiten zu. Konferenztische schaffen bspw. Platz für das Anfertigen von Bildern oder systemische Aufstellungen mittels Figuren, Flipcharts und Pinnwände zur Visualisierung benötigen entsprechende Stellflächen.

2. Dass multifunktional genutzte Räume auch eine unübersehbare *Differenzierung der Rolle der Beratenden* verdeutlichen, klang eingangs bereits an. Stand lange Zeit die Idee des Coachings als Form der Einzelberatung in der Tradition therapeutischer Tätigkeiten im Mittelpunkt, wird immer deutlicher, dass Beratung eine komplexe Tätigkeit ist, die sich verschiedener Rollen und Rollentraditionen bedient. Neben der bereits bekannten Kombination von therapeutischen und Coachingangeboten sind viele Beratende darüber hinaus auch als Trainierende, Lehrende und Workshopleitende unterwegs. Schreibtische im Arbeitsraum signalisieren zudem, dass auch schriftliche Arbeiten wie z. B. das Verfassen von Berichten oder Fachartikeln, Verwaltung, Konzeptentwicklung etc. zur professionellen Rolle gehören.

3. Schließlich symbolisieren multifunktionell genutzte Räume häufig auch einen *Systemwechsel in der Organisationsform von Beratung,* insbesondere dann, wenn sie als geteilte Beratungsräume genutzt werden. War die *Einzelpraxis* nicht nur räumliches Konzept, son-

dern auch professionelles Organisationsideal, hat sich inzwischen eine Verschiebung in Richtung Beratungs*unternehmen,* besetzt mit mehreren Kollegen, als adäquatere Organisationsform ergeben. Dies ist vor allem Ausdruck vielschichtig werdender Anfragen von Kundinnen, die nicht nur Einzelcoachings oder -supervisionen benötigen, sondern parallel dazu Trainings, Workshops, komplexe Organisationsberatungsarchitekturen. Dabei rückt das Corporate Design des jeweiligen durch mehrere Personen getragenen Beratungsunternehmens an die Stelle des höchst individuellen Ausdrucks des Einzelcoaches.

Beraten ohne Raum: das Außen

Nachdem wir ausführlich verschiedene Variationen im Innenraum reflektiert haben, fragen wir uns an dieser Stelle: Braucht es den »gebauten« Raum für Beratung oder kann sie auch in den öffentlichen Außenraum, in das dritte (tertiäre) Territorium, verlegt werden? In den Hochzeiten der Pandemie, als das Beraten in Innenräumen als Risiko für die eigene Gesundheit galt, haben viele Beratende ihre Tätigkeit im Außenraum angesiedelt und in gemeinsamen Spaziergängen mit den Klienten ausgeübt. Doch gelingt damit noch das Angebot des störungsfreien Raums, nach dem Beratene fragen, um sich sicher und gehalten zu fühlen? Immerhin misst der Architekt und Architekturtheoretiker Wolfgang Meisenheimer, der den Einfluss des gebauten Raumes auf die Körperwahrnehmung und -bewegung erforschte, dem Bedürfnis nach Geborgenheit in einem geschlossenen Raum große Bedeutung bei: Der Mensch werde aus dem Inneren eines Menschen heraus geboren, darauf beruhe seine tiefe Sehnsucht nach Geborgenheit in einem Innenraum (Meisenheimer, 2004).

Alle Einflüsse von außen, seien sie visuell oder akustisch, wirken hingegen in den Beratungsprozess ein, können diesen also durchaus unterbrechen oder die Teilnehmenden ablenken. Wie ein Berater mit dieser Aufgabe umgeht, erfahren wir im folgenden Beispiel.

Fallbeispiel: Bewegung als Weg zur Lösung

Business-Coach Hans L. (ihn haben wir bereits kennengelernt) hat für seine Klienten ein Setting entwickelt, das auf den geschützten Innenraum verzichtet. Er läuft mit ihnen auf einem Spazierpfad, einer abgesteckten Coachingroute, und nutzt die Wirkung des Außenraums für den Beratungsprozess. Seine Erfahrungen schildert er bei einem Gang durch seinen Parcours. »Im Gehen verändert sich das Verhältnis. Man geht gemeinsam nach vorne, ist in Bewegung.« Hans L. schätzt die Anregungen für die Sinne von außen, Berater und Klientin teilen gemeinsam den öffentlichen Raum, den Außenraum, der keinem von beiden gehört. Durch das gemeinsame Gehen wird die Hierarchie flacher, weil man nebeneinander geht und die Blicke meist nach vorne gerichtet sind. »Es entsteht somit kein starres Setting wie in einem Beratungsraum, wo die Beziehungshierarchie eher eindeutig ist«, so Hans L. Das Setting im Beratungsraum provoziere vielmehr die Dynamik, dass der Klient sein Anliegen vorbringt und der Berater die Lösung anbietet. Es gebe nur die Dyade zwischen Berater und Klient und die Wirkung des Raumes auf den Beratungsprozess.

Auf der Coachingroute begegnen den Klientinnen verschiedene kulturelle und landschaftliche Objekte, die als Metaphern dienen und Reflexionsräume anbieten können. Sie laden zu Pausen ein und inspirieren dazu, eigene Positionen zu überdenken und den Blick neu auszurichten.

Hans L. führt und begleitet seine Klienten auf dem Weg zu sich selbst: »Körper, Geist und Gefühle werden gleichzeitig angesprochen und in Verbindung gebracht. Das Gehen ist eine Öffnung zur Welt. Schritt für Schritt entstehen neue Perspektiven und Bewusstsein für die ursprüngliche Herausforderung.« Das Gehen mache den Körper wach, Denk-, Fühl- und Handlungsräume erweitern sich. Er verweist allerdings auch auf die Gefahr, dass in der Wahrnehmung der Klientin die Rolle der beratenden Person hinter der des sympathischen Coaches verschwindet, mit dem man so schön spazieren gehen kann, und steuert gegen. Er legt während des Gehens immer wieder Pausen ein, »in denen Klienten auf Bänken Platz nehmen, damit ein anderes Setting erzeugt wird, in dem die Rolle der beratenden Person anhand von Interventionen wieder deutlich wird«.

Reflexion

Die Coachingroute ist eine Erweiterung des Coaching-Angebots. Im weiten Außenraum gelingt es manchen Klienten, sich leichter zu öffnen. Anderen hilft allerdings der geschlossene, geschützte Raum für das *Containment,* um sich besser zu fokussieren und sich nicht ablenken zu lassen, auch lassen sich einige Themen im störungsfreien Rahmen besser behandeln.

Letztendlich erweitert eine wechselnde Beratungsform die Möglichkeiten. Je nachdem, welches Setting gerade das Passende für den Beratungsprozess ist, wählt die beratende Person den Außen- oder den Innenraum – ähnlich, wie wir es gerade bei *New Work* erfahren: Soll es der eher »extravertierte«, kommunikative Arbeitsplatz in der Organisation oder der eher »introvertierte«, konzentrierte im eigenen Homeoffice sein? Grundsätzlich, so können wir postulieren, braucht Beratung einen stimmigen Innenraum. Für spezielle Klienten, die gerne an der frischen Luft sind, ist die Beratung im Außenraum jedoch eine ergänzende Option; auch wenn ein Beratungsprozess im klassischen Setting stagniert, könnte die Beratung im Außen eine Möglichkeit sein, Bewegung und neue Impulse in den Prozess zu bringen.

3 Der inszenierte Beratungsraum

Räume und Settings mitzugestalten ist der Idealfall für Beratende. Wir nehmen Settings, Sitzordnungen und Objekte im Raum folgend noch einmal intensiver in den Blick.

Raumdidaktik: *Spacing* und Inszenierung

Der Pädagoge Loris Malaguzzi etablierte die Vorstellung vom Raum als »dritten Erzieher« (Malaguzzi, zit. nach Fell, 2009, S. 1206): Räume werden dabei von ihm im übertragenen Sinne als Partner von Lernenden verstanden.[12] Die bewusste Gestaltung von Beratungsräumen unter Berücksichtigung der oft unbeabsichtigten, aber emotional wirksamen Strukturen, Settings und Gegenstände hat einen erheblichen Einfluss auf die Wirksamkeit der Lernprozesse (Beumer u. Hoyer, 2010). Mittels entsprechender Inszenierung des Raums durch den Beratenden entstehen also Möglichkeiten, neue Lernprozesse zu befördern und zu unterstützen. Dazu gehören Entscheidungen über Sitzordnungen, Materialien, Beleuchtung etc.[13] Fell (2008) unterscheidet unter Bezugnahme darauf zwei Ebenen: erstens die generelle Gestal-

---

12 Schon Untersuchungen aus dem Schulbereich zeigen, dass in als attraktiv bewerteten Lernräumen die Bereitschaft zu kooperativem Verhalten erhöht wird, während in eher als unschön erlebten Räumen die Interaktionspartner weniger motivierend aufeinander wirken (Beumer, 2010).
13 Hier besteht allerdings auch die Gefahr, dass Setting und Möbel an alte, negativ besetzte Schulerfahrungen erinnern und der Raum aufgrund biografischer Erfahrungen negativ bewertet wird.

tung einer Einrichtung bzw. eines Raums nach grundsätzlichen Zielen und Aufgaben als eine Art makrodidaktischen Handelns, zweitens die zielgerichtete Planung und Inszenierung eines bestimmten Lernraums für eine ganz konkrete Veranstaltung (Workshop, Beratung o. Ä.) im Sinne einer mikrodidaktischen Handlung. Nicht selten arbeiten wir in Umgebungen, die ursprünglich für einen anderen Zweck gebaut worden sind. Um nun der Host-Rolle gerecht zu werden, die mikro- und makrodidaktische Handlungsebene passgenau auszurichten, somit also letztlich auch eine angemessene Lernumgebung zu schaffen, bilden selbst konzipierte und/oder eigens gestaltbare Räume einen großen Vorteil, da diese entsprechende Voraussetzungen erfüllen. Die Aufgabe der Beratenden, günstige räumliche Bedingungen zu etablieren, beinhaltet auch immer ein Element des Unvorhersehbaren, da wir die Raumbiografie der Beratenen nicht kennen.

Der »bedingte« Raum

Wie wir nicht zuletzt durch den vorangehenden Abschnitt zeigten, ist die Gestaltung des einzelnen Beratungsraums wesentlich, gerade auch mithilfe identitätsstiftender Alltagsgegenstände, Objekte und Artefakte (zur Unterscheidung s. Samida, Eggert u. Hahn, 2014). Es gibt allerdings einen Fehlschluss in der Ausstattung und individuellen Gestaltung von Beratungsräumen: Manche Beratende versuchen, die Räume möglichst neutral und reizarm zu gestalten, was nicht zuletzt durch die erwähnte Entpersönlichung von Arbeitsplätzen vorangetrieben wird. Durch eine solche Reduktion der äußeren Umgebung beschränken wir allerdings auch gleichzeitig das psychische Potenzial des Raums in erheblichem Maße (dies geschieht vermutlich eher unbewusst deswegen, weil Emotionen und psychische Entwicklung in manchen Beratungskonzepten noch immer allenfalls als Nebenprodukt oder gar potenziell störend angesehen werden). Dabei darf jedoch nicht vergessen werden, dass Gegenstände durch ihre immanenten Handlungsaufforderungen menschliche (Beratungs-)Beziehungen durchaus auch strukturieren. Was genau wir uns darunter vorstellen können, sei in den kommenden Abschnitten ausführlicher dargelegt (vgl. dazu auch Beumer, 1998).

Schreiber betont für private Räume, was wir generell auch für die Räumlichkeiten von Beratenden annehmen können:

>Unsere Wohnräume erzählen private und kulturhistorische Geschichten, berichten von den Möglichkeiten und Grenzen unseres Selbst und unserer Gemeinschaften. Die in ihnen versammelten Gegenstände sind Restbestände vieler Generationen gelebten Lebens, die Sedimente einer kollektiven Historie« (Schreiber, 2022, S. 115).

Dieser Beschreibung entsprechend, lassen sich Rolf Haubl zufolge (2000, S. 14 f.) vier verschiedene Perspektiven zum Verständnis einzelner Gegenstände unterscheiden:

► Die erste Perspektive betont das »*Gattungsgeschichtliche*«, d. h. die Frage, wann Dinge erfunden worden sind und welcher instrumentellen und symbolischen Funktion sie gedient haben. So sind etwa Stühle geschichtlich mit einer Bedeutungszunahme des geistigen Arbeitens verbunden (vgl. dazu auch Selle, 1996).

► Die zweite Perspektive bezieht sich auf die »*epochal-gruppengeschichtliche Funktion*«, d. h., es kann danach gefragt werden, welche Bedeutung ein bestimmter Gegenstand für eine spezifische Gruppe oder Profession hat (z. B. Tisch, Flipchart etc.).

► Drittens sind konkrete Dinge »*individuell-geschichtlich*« determiniert, sie verweisen auf eine bestimmte biografische Bedeutung und damit zusammenhängende emotionale Besetzung.

► Viertens lassen sich Dinge auch unter der »*individuell-aktuellen*« Perspektive analysieren: Welche Funktion hat bspw. ein bestimmter Stuhl für die Beratende (etwa als Präsentationsobjekt ihres sozialen bzw. professionellen Status etc.)?

Die psychische Relevanz von uns umgebenden Objekten hebt Bollas hervor, indem er anmerkt, die Entwicklung unserer Persönlichkeit sei in starkem Maße von sogenannten äußeren »evokativen Objekten« (Bollas, 2000, S. 37) abhängig. Er geht dabei von der Erkenntnis aus, dass die menschliche Objektwelt auch in Form alltäglicher Gegenstände bestimmte seelische Zustände als ein komplexes Bündel von Erinnerungen, Gefühlen, Bildern bis hin zu körperlichen Empfindungen wachruft, da Menschen ihre Umwelt mit einer subjektiven Bedeutung belegen. Entscheidend ist dabei, dass dies ein proaktiver Prozess ist, bei dem Menschen Objekte so wählen, dass psychische Texturen entstehen, so genannte »Genera« (Bollas, 2000, S. 67), die als Kristallisationskerne des Selbst und der unverwechselbaren, eigenen Persönlichkeit beschrieben werden. Der Psychoanalytiker Alfred Lorenzer spricht in diesem Zusammenhang von »präsentativen Symbolen« (1981, S. 157) und meint damit ausdrucksfähige Gebilde, die ihren Sinn nicht verbal-diskursiv, also durch Schrift oder Text vermitteln, sondern in spürbar-anschaulicher Form. Dabei erschließen die präsentativen Symbole, also die eher sinnlich-bildhaften Gegenstände, in besonderer Form Zugänge zum Unbewussten, da diese lebensgeschichtlich früher verankert sind als die gesprochene Sprache.

In Übergangssituationen, wie sie auch durch psychodynamisch orientierte Beratung angestoßen werden, können die »linking objects« (Mersky, 2007, S. 2) Hilfestellung geben: Im Laufe des Lebens wechseln wir unser Zuhause und auch unsere Arbeitsräume. Die Bindungen an alte Sehnsuchtsorte werden aber durch Gegenstände, die mitziehen, aufrechterhalten, sie haben also eine enorme emotionale Bedeutung. Der Neurowissenschaftler und Psychologe Colin Ellard (2018) hat darauf hingewiesen, dass Gegenstände auch deswegen so wichtig sind, weil wir ja im Regelfall nicht immer in einer insgesamt positiv erlebten Umgebung bleiben können. Diese *linking objects* finden wir ausnahmslos in Räumen von Beratenden, in denen persönlich wichtige Objekte aus einer bestimmten Phase des Lebens bzw. der Berufstätigkeit ihren Platz finden. Eindrückliches Beispiel dafür war etwa eine große Pflanze im Büro eines Beraters, die in gewisser Weise die Raumdimensionen sprengte und auf den ersten Blick anheimelnd, aber auch störend wirkte. Im Laufe der Arbeit mit einem Klienten wurde seitens des Beraters deutlich, dass es sich bei der Pflanze um einen »Ficus Benjamin« handelte, ein Erinnerungsstück an seinen Sohn, zu dem er nach einer Scheidung lange Zeit den Kontakt verloren hatte.

Welche grundlegenden Elemente konstituieren nun den Beratungsraum, welche Möbel und weiteren Objekte bilden die Basis für die äußere Inszenierung des Beratungsprozesses quasi als Bühnenbild? In Anlehnung an Karin Martens-Schmidt (2016) lassen sich folgende wiederkehrenden Elemente unterscheiden:

Stühle und Sessel

Das Sitzen ist körperlich gesehen eine Ruhehaltung, die zwischen der Entspanntheit des Liegens und der Anspannung des Stehens und Gehens liegt. Es schafft eine milde Form der Sedierung (Selle, 1996; Martens-Schmidt, 2016), die als förderlich für einen Arbeitsmodus angesehen wird, in dem bspw. die Auseinandersetzung mit tieferliegenden Motiven oder die Reflexion von Ängsten möglich wird. Zwei Sessel oder Stühle mit einem kleinen Beistelltisch zur Ablage von Materialien, Terminkalendern und ggf. auch zwei Kaffee- oder Teetassen bilden das räumliche Zentrum der beraterischen Begegnung im Eins-zu-Eins-Setting. Sie betonen – meist in einer 90-Grad-Anordnung – den auf Dialog ausgerichteten Kern des Beratungsprozesses und konstellieren eine Wahlmöglichkeit zwischen Zugewandtheit und Freiheit. Beratende handhaben es unterschiedlich, ob sie jeweils den Klientinnen die Wahl des Sessels überlassen, was aufschlussreiche Hinweise auf die emotionale Verfassung oder Motive letzterer geben kann: Ob sich ein Beratener auf den angestammten Sessel der Beratenden setzt, kann z. B. ein Hinweis auf einen emotionalen Versorgungswunsch, auf den Wunsch nach fantasierter oder erlebter Stärke, die mit dem Beratenden assoziiert wird, oder aber auch auf latente aggressive Wünsche sein. In anderen Fällen markieren Beratende »ihren« Sessel, was meist deren thematischer Klarheit und damit auch dem Sicherheitsgefühl des Gegenübers dient (»Die Beraterin sitzt auf ihrem festen Platz, sie weiß, was sie tut, hier fühle ich mich als Klient aufgehoben«).

Sessel signalisieren in ihren unterschiedlichen Ausführungen auch gleichzeitig die spezifische Wesensart der Beratenden, was sich wiederum auf die impliziten Zielsetzungen vieler Beratungsprozesse auswirkt, Klienten zu einem größeren Maß an Individualität zu ermuntern. Zudem drücken Sessel in einem Beratungsraum durch die Qualität der Materialien oder Rücken- und Kopfstützen gleichzeitig den Qualitätsanspruch der Beratenden aus: Bei der Beratung handelt sich um ein hochwertiges Angebot. So finden wir nicht selten bspw. auch Sessel eines älteren Designs, die neben professioneller Seriosität gleichzeitig die Verankerung in einer längeren Tradition betonen sollen.

Für Stühle an Tischen, an denen auch Gruppen sitzen können, gelten andere Kriterien: Sie bewirken meist ein strengeres, eher aufrechtes Sitzen und erinnern an die starrere Arbeitshaltung, die dem Lesen oder Schreiben zugeordnet werden kann. Gleichzeitig führt das Sitzen am Tisch dazu, dass ein Teil des Körpers verborgen bleibt, was auch symbolisch zu einer eher kognitiv orientierten Beratung passen mag.[14]

Tische

Tische sind ein Grundelement jeden Wohnens und Träger vielfältiger kultureller Bedeutungen. Gattungsgeschichtlich markiert der Tisch die Loslösung der Begegnung zweier Menschen vom Sitzen auf dem Boden (Selle, 1996). Er schafft Verbindung und Distanz zugleich und ist ein Symbol für alle grundlegenden Formen des Zusammenlebens. So weckt er bspw. Erinnerungen an tief verankerte Erfahrungen des gemeinsamen Familienessens und etabliert durch die mit ihm verknüpfte Assoziation des Essens und Trinkens generell das Bild der Sinnlichkeit. An den Tisch geladen zu werden, impliziert auch, als Gast geladen zu sein. In diesem Sinne ist der Tisch ein Zeichen der

---

14 Ganz praktisch gilt für Stühle an Konferenz- bzw. Meetingtischen, dass sie flexibel einsetzbar sein müssen, ggf. stapelbar, um spezifische Raumkonstellationen schnell erzeugen zu können.

Vereinigung und »Pazifizierung« (Selle, 1996, S. 115), was besonders bei zerstrittenen Teams hilfreich sein kann. Tische stehen aber auch für Ordnung; so haben sie im politischen Bereich etwa als »Runde Tische« eine wichtige Funktion. Auch die Sitzordnung an Tischen schafft Klarheit und psychologische Sicherheit, kann gleichzeitig aber auch das Gefühl von Unterwerfung hervorrufen: Das Kopfende ist meist für die Person mit der höchsten Autorität und Macht reserviert.

Natur

Ein in seiner Wirkung nicht zu unterschätzendes Element im Bühnenbild des Beratungsraums bilden Anklänge an die Natur. Diese können durch einen Blick aus dem Beratungsraum auf Bäume, Gärten etc., durch Pflanzen, Blumen oder auch Bilder oder Fotos mit Naturmotiven umgesetzt werden, was gleichzeitig einen Zugang zur menschlichen Natur und einen Kontrast zur Organisationswelt impliziert. Da »Natur« seit jeher auch den ungezähmten Teil des Menschen symbolisiert, macht es zudem tatsächlich etwas aus, ob Pflanzen im Beratungsraum gepflegt oder ungepflegt sind (Selle, 1996). Natur steht auch für Erholung, Gesundheit und therapeutische Wirkung. So gibt es Beobachtungen aus der Forschung, dass kranke Menschen, die von ihrem Bett aus Gras oder Bäume sehen konnten, schneller gesund wurden und weniger Medikamente benötigten. Diese Wirkung hatten selbst Naturansichten auf Bildern und Fotografien (Ellard, 2018).

Kunstobjekte

In den meisten Räumen von Beratenden finden wir vielfältige Kunstobjekte in Form von Gemälden, Fotografien und Skulpturen. Kunstgegenstände haben, da sie über so gut wie keine instrumentelle Funktion verfügen, eine besondere Eignung als Übergangsgegenstände, als evokative Objekte zur Stimulation innerer Prozesse. Sie bieten eine emotionale Projektionsfläche und tragen gleichzeitig zur innerlichen Gestimmtheit im Beratungsraum bei. Kunstobjekte befördern das Spiel in der Beratung, da sie von beiden Seiten unterschiedlich emotional belegt werden können. Dabei markieren sie ebenso wie die einzelnen Möbelstücke auch einen bestimmten Habitus der Beratenden und unterstreichen deren Persönlichkeit, Individualität und Geschmack durch ihre Auswahl (Martens-Schmidt, 2016). Gleichzeitig »öffnen« Kunstgegenstände den Charakter der Beratenden, da sie ihnen in Form geliebter Objekte (vgl. dazu auch den Abschnitt »Der Beratungsraum als Selbstpräsentation«) als Verbindungsstücke und Erinnerungen an emotional bedeutsame Momente, Menschen, Orte oder Erfahrungen dienen und dies sichtbar nach außen transportieren.

Arbeitsmaterial

Freuds Behandlungszimmer enthielt zwar eine Menge an Gegenständen und Kunstobjekten, die Therapie konzentrierte sich jedoch auf den Austausch zwischen den beteiligten Personen. Demgegenüber finden wir in modernen Beratungsräumen eine Reihe von Arbeitsmitteln, die das Beratungsgeschehen modulieren oder auf eine gänzlich andere Ebene heben. Beratende nutzen inzwischen selbstverständlich Flipcharts, Moderationswände, Tafeln und Koffer mit Moderations- bzw. Malutensilien. In den meisten Fällen handelt es sich um Werkzeuge, die der Visualisierung dienen bzw. Geschriebenes in unterschiedlicher Form in den Beratungsprozess einbeziehen. Im Fall von Computer und Beamer, die insbesondere in Team- und Organisationsberatungen inzwischen Standard sind, wird dies technisch noch einmal perfektioniert.

Weniger als direkt genutztes Werkzeug denn als demonstratives Element können Bücher und Zeitschriften im Beratungsraum angesehen werden. Sie verweisen auf Traditionen, auf gesichertes und überliefertes Wissen und Anschluss an aktuelle fachliche und wissenschaftliche Erkenntnisse. Sie demonstrieren Verlässlichkeit, Kompetenz, Seriosität und die Einbindung in eine professionelle Community. Auch die vorherig beschriebenen Arbeitsmaterialien sind nicht nur instrumentelle Werkzeuge, sondern sie geben Auskunft über unsere Kultur, Professionalität und Persönlichkeit.

Gruppensettings und Positionierung

Raum ist auch Ausdruck der Gesellschaft. Es besteht daher keine zeit-übergreifende gültige Norm eines »richtigen« Settings, vielmehr sind bestimmte Sitzordnungen ein zeitgeschichtliches Phänomen. »Jede gewählte Konfiguration aus Ort, Zeit, Ausstattung bzw. Organisations- und Beschäftigungsform korrespondiert mit anderen Haltungen und Kompetenzen und vor allem: einer neuen Identität bei den Angestellten« (Neuberger, 2000, S. 116).

Ein Lernraum sollte ein offener Raum sein, der hierarchische Strukturen abzubauen hilft, für Dialog und Toleranz sorgt und selbstgesteuerte Lernprozesse unterstützt. Runde und eckige Stuhl- und Tischformationen werden als kommunikations- und beteiligungsfördernd angesehen im Unterschied zur frontalen Raumanordnung früherer Jahre (Beumer, 2010). Im Feld der Erwachsenenbildung und des Trainings etablierte sich der Verzicht auf Tische, die als Barriere und Abwehrformationen gegen gruppendynamische Prozesse (zu denen die Einbeziehung und Fokussierung der emotionalen Aspekte zwischenmenschlicher Kommunikation und Zusammenarbeit zählten), als Symbol von Zwang, Kontrolle und Distanz gesehen wurden. Mit dieser Konzentration auf emotionale und psychische Faktoren der Interaktion in Gruppen und Teams wurde der »Stuhlkreis«, also ein Setting ohne Tische und andere Gegenstände zwischen den Personen, zum Standard von Trainings und Weiterbildungen. Damit folgt dieses Setting auch Forschungsergebnissen, nach denen so genannte »soziofugale Designs« (z. B. Menschen, die eng um einen Tisch sitzen) die Kommunikation eher behindern und eine Abhängigkeitskultur fördern, während »soziopetale Designs« (Stühle im Kreis weiter auseinander stehend und in der Nähe der schutzbietenden Wand) Interaktion und Kommunikation in der Gruppe verbessern (Hellbrück u. Fischer, 1999). In der Beratung von Gruppen und Teams veränderte sich dementsprechend auch die Leitendenrolle: Neuen Vorstellungen entsprechend nehmen Leiter als Beratende mitten im Stuhlkreis Platz. Dieses Setting ist aktuell

Standard bei Gruppen- und Teamberatungen, Trainings, Workshops und Weiterbildungsveranstaltungen. Es bedeutet gleichwohl nicht, dass es keine informellen Zuordnungen und festen Plätze gibt, wie im Folgenden noch gezeigt werden wird. In der Fortbildung nimmt zudem der Einsatz von Runden Tischen als Setting zur Bewältigung von Krisen wieder zu, sie werden auch in der Beratung besonders dort genutzt, wo Integration und Konfliktbewältigung erforderlich sind (Beumer, 2008). Auch innerhalb methodischer Großgruppen-konzepte (wie etwa das »World-Café«) dienen Tische zur Zentrie-rung von Gruppengesprächen. Generell gilt: Größere Räume in Or-ganisationen sollten so ausgestattet sein, dass Settings je nach Anlass, Aufgabe und Bedarf schnell umgestaltet werden können, wobei die Entwicklung eines Settings gleichzeitig als Aufgabe der Gruppe an-gesehen werden kann.

Wie eine Person einen Raum im Beratungsprozess erlebt und sich darin positioniert, lässt sich anhand verschiedener »areal indizes« (Hellbrück u. Fischer, 1999) beschreiben. Unterschieden wird dabei zwischen einer *geometrisch gestalthaften Indizierung* (»Eckplätze sind wie Eckpfeiler«), einer *funktionalen Indizierung* (»Wo verstehe ich den Redner am besten?«) und einer *sozialen Indizierung* (»Stre-ber findet man meistens vorne«). Ein hilfreiches Beispiel für eine soziale Indizierung bildet das Modell der Gruppendynamischen Sitzordnungen. Der Berater Ansgar Münsterjohann entwickelte mit seinem Kollegium dieses Modell[15], das vielen Gruppendynamikern als Maßgabe dient, aus Praxiserfahrungen mit Trainings und Be-ratungen (s. Abbildung 4). Dabei suggeriert eine kreisförmige An-ordnung der Teilnehmenden die Gruppierung von Gleichen. Diese Anordnung und damit auch die Gruppe nehmen keinen Bezug nach außen, sondern sind auf eine leere Mitte ausgerichtet. Das Sprechen vom Platz ist interaktiv und fördert die Kommunikation mitein-ander, da es direkt und unmittelbar aufeinander bezogen ist, sich

---

15 Allerdings stellt es keine empirisch abgesicherte Theorie dar. Literatur genau zu diesem Aspekt ist nicht bekannt.

also nicht auf ein frontales Setting konzentriert (in welchem bspw. der Berater vor der Gruppe steht). Fragen sollte man sich dabei stets: Ist die kreisrunde Sitzordnung zu harmonisch, nivelliert sie Rollen- und Statusunterschiede?

Die Leitung kann in einem solchen Gruppensetting ihren Platz meist vorher schon selbst bestimmen oder bekommt ihn von der Gruppe unbewusst zugewiesen: der scheinbar zufällige letzte Platz, nachdem sich alle anderen bereits positioniert haben. Sie sollte möglichst die Wand im Rücken haben, an der sich auch die Visualisierungsmaterialien befinden, und den Blick zur Tür. Diese Sitzposition wirkt stabilisierend: Die Leitung »hält« die Gruppe, nicht zuletzt, da sie alle Teilnehmenden in ihrem Blickfeld hat (Ausnahmen werden später noch aufgezeigt).[16]

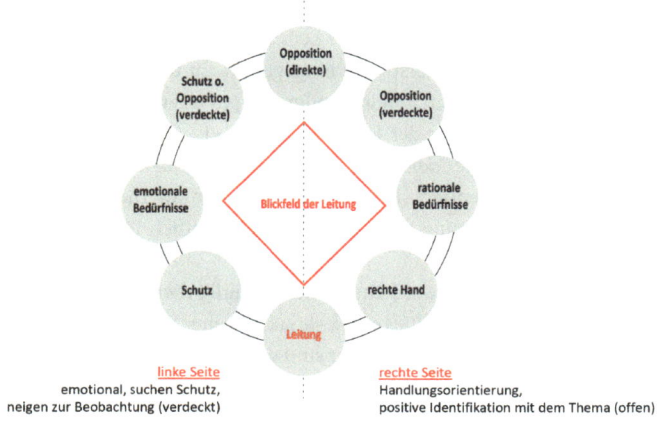

Abbildung 4: Gruppendynamische Sitzordnung (nach A. Münsterjohann, Düren)

---

16 Streng genommen haben wir generell zwei Gruppen im Raum: Die Gruppe der Teilnehmenden ohne Leitung und die Fortbildungs- oder Beratungsgruppe mit Leitung, die erst durch diese Leitung zur Fortbildungs- oder Beratungsgruppe wird.

Die Gruppenmitglieder selbst drücken die emotionale und sachliche Gestimmtheit zum jeweiligen Thema durch eine bestimmte Platzwahl oder unbewusste Platzzuweisung aus, wie der oben beschriebene »freie Platz« für den Berater. Die Platzwahl der Teilnehmenden wird beeinflusst durch

- das sachlich und emotionale Verhältnis der teilnehmenden Person zum Thema,
- das Verhältnis des Einzelnen zur Leitung bei diesem Thema,
- die Position der Einzelnen in der Gruppe in der jeweiligen Gruppenphase.

Daraus lassen sich für den Beratungs- bzw. Gruppenprozess relevante Fragestellungen ableiten: Wie inszeniert sich das Unbewusste bzw. inszenieren sich die unbewussten Dynamiken im Raum? Welche Bedeutung bzw. Wirkung haben die einzelnen Sitzpositionen auf die Teilnehmenden? Wird z. B. der Leitung durch eine teilnehmende Person Kritik oder Widerspruch entgegenbracht und sitzt diese ihr gegenüber, wird hier ein Teil folgender Gruppendynamik sichtbar:

Auf der *rechten Seite* der Leitung sitzen meistens diejenigen, die eine *positiv-rationale Identifikation* mit dem Thema aufweisen und eher handlungsorientiert sind. Sie nehmen aktiv am Thema teil und sind eine Unterstützung für die Leitung hinsichtlich ihres Themenbezugs.

Auf der *linken Seite* der Leitung sitzen häufig diejenigen mit *emotionaler thematischer Identifikation,* sie suchen eher Schutz und neigen zur Beobachtung. Diese Mitglieder sind der Leitung Unterstützung in ihrem Bezug zu den Emotionen und Schutzbedürfnissen der Gruppe.

Der Platz *gegenüber der Leitung* wird häufig von Teilnehmenden eingenommen, die in die *offene, direkte Opposition* mit ihr gehen. Sie konfrontieren und sie wollen sich mit der Leitung auseinandersetzen. Die *verdeckte Opposition,* also diejenigen, die recht still sind und/oder nur zur »Nachbarschaft« gewandt leise Kritik äußern, sitzen gerne in den Ecken. Diese Positionen sind für die Leitung schwierig im Umgang. Verdeckte Kommunikation, leise Seitengespräche, Ironie oder

Meckern sind erst einmal nicht konstruktiv. Ziel für die Leitung sollte sein, diese Teilnehmenden einzubinden durch die Aufforderung, ins Plenum bzw. in die Gruppe zu sprechen.

Der Platz *direkt rechts* von der Leitung wird gerne von den Teilnehmenden gewählt, die als die »rechte Hand«, als *Assistenz der Leitung* fungieren.

Der Platz *direkt links* von der Leitung wird ebenfalls eher von den *schutzbedürftigen* Teilnehmenden einer Gruppe eingenommen, die hier von der Leitung nicht gut gesehen werden können und somit eine versteckte Position innehaben.

4 Der »angemessene« Beratungsraum – ein Leitfaden zur Gestaltung

In dieser Übersicht möchten wir einige Leitfragen, Gedanken und Kriterien für die Suche, die Wahl und die Gestaltung des eigenen Beratungsraumes aufzeigen.

Vorab wollen wir noch anmerken, dass es den »perfekten« Raum nicht gibt, sondern nur den jeweils »angemessenen« für Beratende und ihre aktuelle berufliche und private Arbeits- und Lebensform. Jeder Raum bringt ein Thema mit, an dem wir wachsen.

A. Bestandsaufnahme der räumlichen Gegebenheiten

- ▶ Gibt es schon einen eigenen Raum?
- ▶ Wenn ja: Was ist gut? Was fehlt? Was sollte verändert werden?
- ▶ Wenn nein: Wie sollte Ihr künftiger Raum aussehen?

B. Klärung der eigenen Raumbedürfnisse

- ▶ Wo möchten Sie arbeiten und sich als beratende Person niederlassen?
- ▶ In welchen Räumen möchten Sie als beratende Person arbeiten?
- ▶ Welches Budget steht Ihnen zur Verfügung?
- ▶ Was möchten Sie mit dem Raum bewirken? Was von dem, was dort geschieht, ist wichtig?
- ▶ Was soll Ihnen persönlich der Beratungsraum erfüllen und ermöglichen?
- ▶ Welche Bedeutung hat Ihr berufliches Netzwerk für den Raum?

C. Erfahrungen in Beratungsräumen anderer

Ihre eigenen Erfahrungen, die Sie in Beratungsräumen anderer gemacht haben, sind häufig für die Wahl des eigenen Arbeitsplatzes mit ausschlaggebend:

► In welchen Räumen haben Sie sich geborgen und sicher gefühlt?
► Waren diese einladend für Denk- und Reflexionsprozesse und was haben diese Räume angeregt?
► Welche waren für die Beratung nicht dienlich?

Lage, Orts-Identität und Nachbarschaft

Wir nähern uns dem Beratungsraum von außen nach innen. Imaginieren Sie ein inneres Bild zur Lage des eigenen Beratungsraums:

► Wo möchten Sie arbeiten: Stadt, Stadtviertel, Vorstadt, Kleinstadt, auf dem Land?
► Wo möchten Sie sich als beratende Person »zu Hause« fühlen?

Die örtliche Lage des Beratungsraums ist ebenso bedeutsam wie der Raum selbst (in Stadtzentren bspw. fühlt man sich als Teil der Welt und besitzt eine gute infrastrukturelle Anbindung. Auf dem Land ist es dafür ruhiger, beschaulicher). Die Architektin und Gestalttherapeutin Clare Cooper Marcus proklamiert: »Wir neigen dazu, uns an einer bestimmten Art von Ort, seinen Werten, seinem Lebensstil und seinem Image am wohlsten zu fühlen« (Cooper Marcus, 1995, S. 199) und geht davon aus, dass jeder Mensch eine Niederlassens-Identität hat. Erkennbar wird sie bei denen, die häufiger den Wohnsitz wechseln oder gewechselt haben, sich aber bspw. immer wieder die Wohnung im Altbau in den oberen Etagen (wegen der hohen Decken und des speziellen Charmes) oder den Neubau (wegen der vermutlich nicht anfallenden Renovierungsbedürftigkeit) suchen.

»Die Orts-Bindung bezeichnet das Phänomen der gefühlsmäßigen Anhänglichkeit vom Menschen an Orte und Umwelten und bringt zum Ausdruck, dass Orte und Umwelten keine neutralen physischen Räume, sondern emotional bedeutsam sind. Die Bindung an einen Ort ist ausgeprägter, wenn der Ort als schön empfunden wird und positive Gefühle auslöst« (Bonaiuto, zit. nach Flade, 2008, S. 141).

Neben einer emotionalen Bindung an einen Ort ist häufig auch die (berufliche) Lebensphase, in der Sie sich als Berater befinden, ausschlaggebend für die Wahl Ihres Beratungsraums.

► Arbeiten Sie Vollzeit als Selbständige oder haben Sie noch eine Teilzeitanstellung, also noch einen zweiten Arbeitsort?
► Wo befindet sich Ihr privater Wohnsitz?
► Wie können Sie alle Orte gut miteinander vereinen?

Das unmittelbare Umfeld dient als Erweiterung des Beratungsraums, und die Eindrücke, die es vermittelt, sind oftmals viel entscheidender als die rationalen Gründe, die für oder gegen einen Ort sprechen. Darum sollten Sie sich fragen:

► Wie sehen die Nachbargebäude als unmittelbare Umgebung Ihres Beratungsraums aus?
► Ist es bezogen auf die Gebäude um Sie herum geschäftig oder eher ruhig, anonym oder eher privat, einladend oder abweisend?
► Wie ist es um die Auffindbarkeit und die Erreichbarkeit bestellt (können Ihre Klientinnen bspw. mit dem Auto oder Fahrrad parken)?

Bei all den genannten Variablen gilt: Stimmt das Umfeld nicht, weil es nicht »nährt« und stärkt, dann hilft der schönste Raum nichts.

Umraum

Der direkte Umraum des Beratungsraums ist das Gebäude selbst, die Zu- und Eingänge, Treppenhäuser, Flure, Gärten etc. Die Fassade des Gebäudes ist seine Visitenkarte und vermittelt den ersten Eindruck (Altbauten stehen für Beständigkeit und Solidität, Neubauten für das Moderne, das Abstrakte und Aufgeschlossene). Fragen Sie sich diesbezüglich:

▶ Ist das »Gesicht« offen/verschlossen, einladend/abstoßend, festlich, prunkvoll/bescheiden, vorsichtig, ästhetisch, individualistisch/traditionell, würdevoll/geschwätzig, erzählerisch/nichtssagend?

▶ Liegt der Beratungsraum in einem Mehrparteienhaus, in einer Institution oder in einem Privathaus?[17]

Die Führung zum und in das Gebäude beeinflusst unser Gefühl. Fühlen wir uns eingeladen und willkommen oder abgewiesen und ferngehalten? Ein »guter« Eingang hat einen äußeren Vorplatz und gibt Orientierung mit einem gut sichtbaren Namens- und Praxisschild. Die Eingangstür als Schwelle zwischen Außen- und Innenwelt steht für die Möglichkeiten, die in unser Berufsleben treten, und stellt auch die Grenze zwischen Berater und Klient dar. Dahinterliegend braucht es Raum zum Ankommen: Eine Diele als Übergangsraum, ein Ort zwischen Innen und Außen sollte der Klientin Zeit geben, ein Gefühl für das Kommende zu entwickeln.

Die vertikale Deutung eines Gebäudes wirft einen weiteren Blick auf die Wahl des Beratungsraums. Beraten im Souterrain mit nur wenig Tageslicht und Aussicht kann auf Dauer anstrengend und ermüdend werden. Der Keller steht zudem symbolisch für die Vergangenheit und das Unbewusste, das Erdgeschoss und die mittleren Etagen für die Gegenwart, das Tagesbewusstsein, das Alltagsdenken. Das Dachgeschoss symbolisiert die Zukunft. Reflektieren Sie, was die Wahl der Ebene des Beratungsraums über Ihren eigenen Zugang zu Ihren Bewusstseinsebenen aussagt. Es ist auf jeden Fall ein Unterschied für Ihre Klienten, ob Sie als beratende Person den Raum ebenerdig am Boden oder lieber oben in der Höhe wählen.

---

17 Befindet sich der Beratungsraum in einem Privathaus, dann müssen Sie als Beraterin Ihre Grenzen wie im Homeoffice wahren.

Die Geschichte des Gebäudes, in dem sich der Raum befindet, sollte positiv sein; so gibt auch William Spear (1996) an, dass die in einem Raum zurückbleibende allgemeine Schwingung von Menschen, die zuvor dort lebten und arbeiteten, einen maßgeblichen Einfluss auf die weiteren Ereignisse hätte. Sie könnten also vorab in Erfahrung bringen:

▸ Was haben frühere Nutzer in dem Gebäude erfahren?
▸ Gab es Todesfälle, Konkurs, Krankheit, Suizid?

Der Beratungsraum selbst

▸ Was hat Ihnen beim ersten Betreten besonders gefallen, was hat Sie angezogen? Welche Gedanken und Gefühle traten auf?
▸ Wirkt der Raum lebendig oder eher »tot«?
▸ Wie groß ist der Raum, wie hoch? Ist die Form rechteckig, quadratisch, unregelmäßig?
▸ Ist es hell oder eher dunkel, kalt oder warm, kommt Sonne in den Raum?

Der Beratungsraum sollte eine warmherzige Erweiterung der beratenden Person sein, die sich selbst gerne darin aufhält. Diese »Glaubwürdigkeit« des Bewohnens und der Lebendigkeit spüren auch die Beratenen und entspannen sich besser.

Die Raumanalyse nach Feng-Shui-Kritierien

In den meisten Fällen finden wir rechteckige Raumformen. Die Ausgewogenheit dieser Form ist dabei abhängig von den jeweiligen Raumproportionen. Bei der Raumanalyse nach Feng-Shui-Kritierien[18]

---

18 Feng Shui bezeichnet die asiatische Gestaltungslehre. Die Raumanalyse nach Feng-Shui-Kritierien entwickelte der Architekt und Begründer des European College of Feng Shui Howard Choy.

beschäftigen wir uns mit den offenen und geschlossenen Flächen, den Raumbegrenzungen und Proportionen und deren Auswirkungen auf die Gestaltung. Zunächst möchten wir einen kurzen Überblick über die Gestaltungslehre des Feng Shui präsentieren:

Feng Shui zählt zu den traditionellen fernöstlichen Erfahrungswissenschaften und steht für die harmonische Gestaltung von Lebensräumen und die Balance von Lebensenergien. Ziel ist das Wohlbefinden des Menschen in seiner Umgebung. Diese Form der Gestaltungslehre strebt an, Farben, Materialien und Formen in ein ausgewogenes Verhältnis zu bringen. Grundlagen dafür bilden die universelle Lebensenergie Chi, die dynamische Balance von Yin und Yang und die Lehre der fünf Elemente als Wandlungsphasen.

Chi – die universelle Lebensenergie

Die Basis allen Lebens ist die Existenz unsichtbarer Energie und Energieströme, übersetzt in das Chi. Es fließt überall in unserer Umgebung, in Außen- und Innenräumen. Es ist nicht mess- oder fassbar, und doch beeinflusst es das Wohlbefinden des Menschen. Wenn das Chi nicht fließt, sprechen wir von »toten« Räumen.

Wirkung des Chi-Flusses

Der Begriff »Chi-Fluss« beschreibt den Verlauf und die Beschaffenheit des Chi. Es zirkuliert spiralförmig und sollte sich zu seiner Entfaltung langsam und in sanften Kurven bewegen, nicht in geraden und schnellen Bahnen. Die Gestaltung von Räumen, die Konzeption des Grundrisses, die Platzierung von Möbeln beeinflussen den Fluss des Chi. Es geht bei der Einrichtung von Räumen darum, das günstige Chi zu nutzen und das ungünstige Chi zu vermeiden, um ein hohes Energiepotenzial in Räumen zu erreichen. Hat ein Raum z.B. drei Türen, dann könnte es hilfreich sein, mindestens eine davon mit einem Möbelstück davor zu verstellen, um den Raum zu beruhigen.

Yin und Yang

Alles, was existiert, beinhaltet Chi, dieses wiederum Yin (passive feminine Qualitäten) und Yang (aktive maskuline Qualitäten). Yin und Yang sind polare Kräfte, Gegensätze und Ergänzungen. Sind Yin und Yang in einer dynamischen Balance, fühlen wir uns wohl.

Fünf Elemente – fünf Wandlungsphasen

Die fünf Elemente sind gleichzusetzen mit fünf Energieformen, jede hat eine andere Energiequalität: Wasser (fließend), Holz (nach oben strebend, expandierend), Feuer (pulsierend, aktiv), Erde (sammelnd, ausgleichend) und Metall (verdichtend, zusammenziehend). Ihren Ausdruck finden die Elemente in Materialien, Formen, Farben u. v. m. Die fünf Elemente (Wandlungsphasen) stehen in einem Wirkungssystem, bei dem Holz, Feuer, Erde, Metall und Wasser im ständigen Austausch miteinander sind und sich gegenseitig nähren. Sind an einem Ort alle fünf Elemente ausgewogen symbolisch vorhanden, ist die Umgebung harmonisch und kraftvoll. Als Negativbeispiele seien weiße Wände und graue Teppichböden des klassischen Verwaltungsbaus oder Designermöbel mit metallisch kühlem Charakter moderner Büros genannt.

Nun sei dieser Überblick auf konkrete Raumbeispiele angewandt:

Yang steht für Aktivität, in dem Fall für die aktive Bewegungsfläche, Yin repräsentiert als passive Kraft die Stellfläche eines Raumes. Dort, wo die Energie sich sammelt, liegt der Kraftplatz im Raum, der ruhigste Bereich. Wenn Sie diesen Kraftplatz, wie in Abbildung 6 dargestellt, für das Beratungsgespräch nutzen, kann dies Sie durchaus in Ihrem Wirken unterstützen (mitzudenken ist stets die erwähnte ausgewogene Balance von Yin und Yang, um Wohlgefühl herzustellen). Die Öffnungen eines Raumes, sprich die Türen und die Fenster, bestimmen die Bewegungsdynamik im Raum, den Chi-Fluss. Zur Tür treten wir ein und zum Fenster schauen wir wieder hinaus. Ein Raum, der überwiegend aus Türen und Fenstern besteht und wenig

Wandfläche hat, lässt uns unruhig werden, wir finden oftmals keinen richtigen Platz zur Erholung, wir fühlen uns ungeschützt. Räume, die nur wenig Fensterfläche haben und eher dunkel sind, können uns wiederum beklemmen, so dass wir so schnell wie möglich wieder hinaus möchten.

Eine Aussicht, der Blick nach draußen, kann der Klientin Weite vermitteln und eine Öffnung ihres Selbst ermöglichen. Doch kann zu viel Aussicht auch ablenken; der Blick sollte gehalten sein. So wäre es bspw. bei einer großen Fensterfront mit weitem Ausblick wichtig, dass durch ein »haltendes« Objekt (wie z. B. ein Mobile oder eine Pflanze) der Blick der Klientin auf ein Innen gerichtet bleibt.

Anhand der Abbildungen 5 und 6 verdeutlicht sich die Raumanalyse der Feng-Shui-Kriterien noch einmal abschließend:

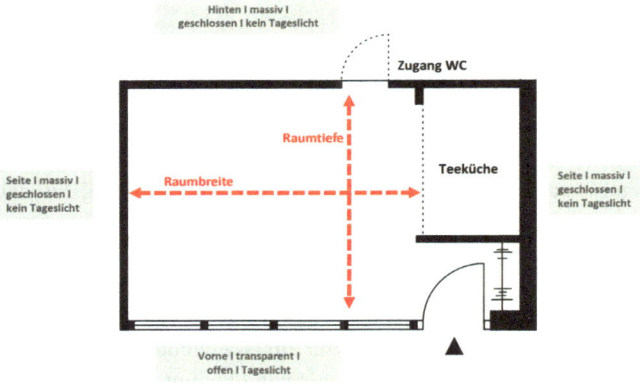

Abbildung 5: Raumproportionen

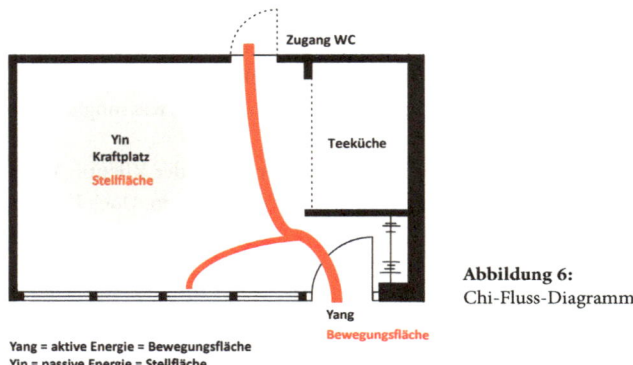

Yang = aktive Energie = Bewegungsfläche
Yin = passive Energie = Stellfläche

Abbildung 6:
Chi-Fluss-Diagramm

Der gesunde Arbeitsplatz: die Wand im Rücken

Ellard hat sich mit der Psychogeographie beschäftigt und erforschte dabei, wie die Umgebung unser Verhalten und unsere Entscheidungen beeinflusst. Die Blickrichtung und die Einschätzung unserer eigenen Sichtbarkeit für andere sind die wichtigsten Determinanten für unsere Positionierung in der gebauten Umgebung. So »zeigen Menschen eine Vorliebe für Orte, an denen sie ihre Umgebung am besten wahrnehmen können, ohne gesehen zu werden« (Ellard, 2018, S. 43). Dies bildet auch das Prinzip des »prospect and refuge« ab: Bspw. ist die (optimale) Sitzposition einer Beraterin die mit der Wand im Rücken und dem Blick zur Tür (s. Abbildung 7). Die Wand im Rücken wirkt stabilisierend, niemand kommt von hinten. Der Blick zur Tür gibt ihr die Sicherheit zu sehen, wer oder was auf sie zukommt.

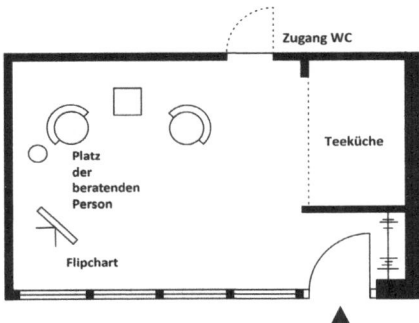

Abbildung 7:
Face-to-Face-Setting
im Kraftplatz

Das mag für manche Beratenden erst einmal ungewöhnlich klingen, vielleicht ein wenig starr und festgelegt, vor allem dann, wenn Sie mit der Platzwahl des Klienten als Intervention arbeiten. An der Stelle geht es uns allerdings eher darum, sich die Kraft der Sitzpositionen im Raum überhaupt bewusst zu machen: Wenn der Klient selbst stets den »starken Platz« (die Wand im Rücken, den Blick zur Tür) wählt, verrät uns das etwas über ihn: Dass er gut für sich sorgen kann und den Überblick behalten möchte, ggf. gerne die Kontrolle über die Situation hat. Menschen, die sich eher in schwache Positionen setzen, sind häufiger unsicher und nehmen sich nicht so wichtig bzw. achten nicht auf sich.

Besonders in Team- oder Gruppensupervisionen ist in einem auf die Raumdynamik bezogenen Setting auf starke und schwächere Plätze zu achten:

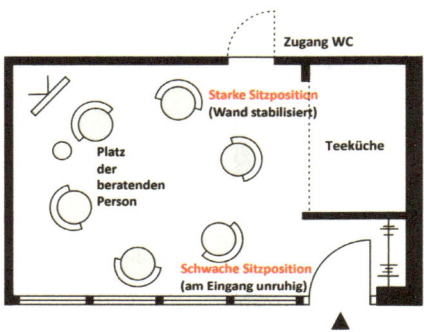

Abbildung 8:
Setting mit Team

Farben

Johannes Itten, Maler und Bauhauspädagoge, sagte: »Farben sind
Strahlungskräfte, Energien, die auf uns in positiver oder negativer Art
einwirken, ob wir uns dessen bewusst sind oder nicht« (Itten, 1970,
S. 12). Jede Farbe hat eine andere Wirkung und Sie können Farben
nutzen, um die Atmosphäre in Ihren Räumen zu beeinflussen. Inzwischen wird sogar bei der Gestaltung von Innenräumen in Kranken-
häusern die Farbwahl bewusst eingesetzt. Sie weckt auch Emotionen
bei unseren Klienten, weil wir unterschiedliche Geschmäcker, Assoziationen, Erfahrungen und Erinnerungen mit einzelnen Farben verbinden. »Die Wahl der Farben ist einer der schwierigsten Prozesse
in der Raumgestaltung. So wundert es auch nicht, dass die dankbare
weiße Raufaser-Tapete an Büro- und Wohnungswänden noch immer
die Standardlösung ist« (Müller, 2008, S. 15).

Raumgröße und -proportion und die Lichtverhältnisse in einem
Raum beeinflussen die Farbwahl, das Licht bestimmt dabei generell,
wie wir Farbe wahrnehmen. Wie fällt das Licht ein? Wie groß ist die
Lichtquelle? Wie verändert Kunstlicht den Raum? In welcher Him-
melsrichtung liegen die Räume? Da in einen nach Norden ausgerichteten Raum keine direkten Sonnenstrahlen einfallen, ist er eher

dunkel und kühl. Hier wirken warme Farben harmonisierend auf die Atmosphäre und eignen sich als ausgleichendes Element. In einem hellen, im Sommer heißen und nach Süden ausgerichteten Raum, der häufig dem vollen Sonnenlicht ausgesetzt ist, sollten die Farben nicht allzu kontrastreich ausfallen. Zum Ausgleich können kühlende Pastellfarben eingesetzt werden, die zudem auch im gleißenden Licht Akzente setzen.

Einige Beispiele zur Wirkung von Farben seien hier aufgeführt:

Rot wirkt stimulierend, aktivierend, anregend, warnt und verlockt. Rot ist die Farbe der Vitalität, Liebe und Sexualität, Wärme und Aggression. Rot sollte als Akzent eingesetzt werden, da ein Übermaß reizbar macht und/oder zu Ungeduld und innerer Unruhe führen kann.

Gelb wirkt stabilisierend, harmonisierend, inspirierend. Gelb ist die Farbe der Reife, der Fülle, des Lichts und der Heiterkeit. Es weckt Vertrauen und unterstreicht die Zuverlässigkeit, regt zudem die Beratenen an, sich bewusst zu sammeln.

Grün wirkt beruhigend, fördert das Wachstum, die Expansion. Grün ist die Farbe der Harmonie, Heilung und Gesundheit, von Hoffnung, Optimismus und Neuanfang, Natur und Leben, Freiheit und Weite. Zu viel Grün in einem Raum kann die Menschen »entwurzeln«, sie verlieren die Bodenhaftung und das Gefühl für einen wohlbegründeten Realismus. Mangelndes Vertrauen kann durch Grün gestärkt werden.

Weiß wirkt neutralisierend, klärend, vervollkommnend. Weiß ist die Farbe der Reinheit, Distanz, Kühle, Klarheit, Struktur, Organisation. Weiß ist die hellste und zugleich leichteste Farbe. Zu viel Weiß kann kühl wirken und distanzieren, gleichzeitig aber gibt es dem Geist Raum zum Nachdenken.

Blau wirkt erfrischend, fließend und fördert die Kommunikation, reduziert Stress und beruhigt erhitzte Gemüter. Blau ist die Farbe des Wassers, des Bedachts und der Öffnung.

Schwarz/Anthrazit wirkt klärend und vertiefend. Schwarz ist eine unbunte Farbe bzw. die Abwesenheit von Farbe, absorbiert die anderen Farben und wenn es im Übermaß eingesetzt wird, entsteht eine deprimierende Umgebung. Schwarz ist auch die Farbe der Trauer, des Endes und auch der Abgrenzung und der Eleganz.

Blau und Schwarz sind wohldosiert einzusetzen. Zu viel dieser dunklen Farben in einem Raum zehren die physische Energie rasch auf und führen zu einem Mangel an Klarheit. Schwarz benötigt *unbedingt* einen Kontrast, sonst wirkt es schwer und düster.

Braun wirkt erdend und haltgebend. Räume mit braunen Möbeln, Böden etc. verraten das Bedürfnis nach Geborgenheit, sie wirken oftmals enger, dafür gemütlich. Braun ist die Farbe der Erde, der Wärme. Zu viel Braun kann eine lähmende und träge Wirkung auf den Menschen ausüben.

Grundsätzlich sollten immer alle Farben in einem Raum vorhanden sein, wobei Quantität nicht Qualität bedeutet. Für größere Farbflächen eigenen sich dezente Farben, kräftige Primärfarben sollten als Akzent eingesetzt werden. Die Farbakzente, die auf der Farbpalette des Raumes noch fehlen, können durch Möbel oder Accessoires komplettiert werden (Müller, 2008).

Abschließende Fragen zur Reflexion der Raumgestaltung

Wir bieten Ihnen folgend einige Anregungen und Kriterien, die Sie mithilfe der vorangegangenen Aspekte zur Raumgestaltung noch einmal in Reflexion bringen sollen.

Wenn Sie in eigener Praxis Klienten in von Ihnen gestalteten Räumen als Host empfangen,

▶ wie viel Persönliches darf und soll sein, wie viel professionelle Distanz ist notwendig?

▶ inwieweit treffen Sie die Raumerwartung der Beratenen?

▶ wie verhilft der Raum zu Prozessen der Reflexion und vielleicht auch der Veränderung?

Bedenken Sie auch: In der Gestaltung von Räumen unterscheiden wir zwischen *sichtbaren Faktoren,* wie

- ► Außenraum,
- ► Übergang von innen nach außen,
- ► Blickbeziehungen nach außen,
- ► Raumaufteilung,
- ► Raumproportionen,
- ► Materialien/Oberflächen,
- ► Farben,
- ► Beleuchtung,
- ► Möblierung

und *unsichtbaren Faktoren,* wie

- ► dem »Herz« des Raumes (als Ort der Begegnung),
- ► Kraftplätzen,
- ► dem Verlauf des Energieflusses (Chi),
- ► der dynamischen Balance von Yin und Yang,
- ► der Atmosphäre/Stimmung,
- ► Gerüchen und Geräuschen.

5 Diagnostische Methoden zur Arbeit mit Räumen

Raumkonstellationen und deren Wirkung können durch spezifisch darauf abgestimmte Methoden auch der Diagnose von Emotion bzw. Stimmung dienen. Im Folgenden werden drei Beispiele für solche Methoden beschrieben, die insbesondere zu diagnostischen Zwecken im Coaching (Möller u. Kotte, 2013) genutzt werden können.

Raumbiografie

Dies ist eine Methode, die die individuelle Bedeutung von Räumen erlebbar macht: Die meisten Menschen haben ihre frühesten Kindheitserinnerungen in Form räumlicher Bilder und Vorstellungen abgespeichert, die häufig in nächtlichen Träumen wieder auftauchen können. Wohnumfeld und Räume prägen die Biografie oft mehr als verwandtschaftliche Beziehungen und machen Wechsel oder Brüche in der Lebensgeschichte sicht- bzw. erfahrbar; so ist jeder Umzug eine Trennung, jeder Neuanfang oft auch ein räumlicher, etwa, wenn wir das erste Mal die Schule oder das Büro mit deren spezifischer Raumkultur betreten.

Die Raumbiografie versucht, solche Erinnerungen an die Oberfläche zu holen: In einem Gruppensetting werden die Teilnehmenden gebeten, ausgewählte Orte bzw. Räume, in denen sie gelebt und gearbeitet haben, zu notieren und ggf. einzelne davon zu zeichnen, als Grundriss oder als ganzes Bild. Im Schreiben und Zeichnen entwickeln sich nun die Erinnerung und die dazugehörige Emotionalität: Welche Gegenstände aus welchen Wohnungen/Büros besitze ich noch? Was ist verloren und fehlt mir? Wo möchte ich nie wieder hin? Gibt es einen Lieblingsort, ein Lieblingszimmer oder einen Lieblingsplatz und wie sehen diese aus? Die Bilder werden anschließend präsentiert und gemeinsam reflektiert. Die Wohn- oder Arbeitsbiografie kann auch mit Hilfe einer Landkarte, die den Lebens- oder Berufsweg skizziert, dargestellt werden (Ruhe, 2012).

Soziale Fotomatrix

Mit der Sozialen Fotomatrix ist es möglich, Mitarbeitenden und Führungskräften einer Organisation einen neuen Blick auf ihr Unternehmen zu eröffnen, sie gewissermaßen zu einem fremden Blick auf das eigene System anzuregen, indem sie durch Visualisierung mithilfe digitaler Fotos entdecken, was in Organisationen und Räumen üblicherweise ungesehen, nicht wahrgenommen und in seiner Bedeutung somit unbewusst bleibt. Dabei handelt es sich um eine psychodynamisch inspirierte Methode, um die sich besonders Burkard Sievers verdient gemacht hat (Sievers, 2006). Die Teilnehmenden werden gebeten, Fotos mit ihren Handykameras zu machen, auf denen aus ihrer persönlichen Sicht etwas für ihre Organisation »Typisches« zu sehen ist. Diese Fotos werden dann in einem elektronischen Archiv gesammelt und von den Teilnehmenden in einer Matrix (einer bestimmten Arbeitsform mit einem spezifischen Setting der Sitzgelegenheiten, die eher assoziative Prozesse begünstigt) ausgewählt und projiziert. Die Personen, die diese Bilder machten, bleiben anonym. Anschließend reichern die Teilnehmenden das Bildmaterial mit Hilfe freier Assoziation (unzensierte Äußerung von Gedanken, Empfinden, Fantasien, Körperreaktionen), von Amplifikationen (assoziatives Hinzufügen bzw. Herstellen von Verbindungen zu kulturellen Schöpfungen wie etwa Filmen, Büchern, Kunstwerken etc.) und systemischen Denkens (Herstellung von Verknüpfungen zwischen den einzelnen Fotos) an. Daraufhin erfolgt eine einstündige Reflexionssitzung, die zum tieferen Verständnis der Organisation genutzt wird.

Sowohl während der Matrix als auch während der Reflexionssitzung kann ggf. protokolliert werden.

Lautes Denken

Beratende betreten die Räume einer Organisation irgendwann zum ersten Mal, und diese Situation ist für das Verständnis der Organisation wertvoll. Der Moment kann mittels assoziativen Lauten Denkens bewahrt werden, es eignet sich aber auch zur Anwendung in Gruppen und Teams, um unterschiedliche Wahrnehmungen des Raumerlebens bzw. der erlebten und erinnerten Emotionalität in einem spezifischen Raumkontext deutlich zu machen und für die Entwicklung eines gemeinsamen Verständnisses zu nutzen. Kurzum: Lautes Denken dient der Bewusstmachung emotionalen Erlebens in und von Räumen durch Sprachproduktion. Für Einzelpersonen und Gruppen sei die Methode nun präsentiert: Mit einem Headset ausgestattet, durchstreift bspw. eine beratende Person die Eingangshalle eines Krankenhauses und spricht alles aus, was ihr durch den Kopf geht. Es braucht etwas Übung, um derart frei zu assoziieren, gelingt in der Regel aber recht schnell. Diese Assoziationen können im Anschluss für eine genauere Analyse niedergeschrieben werden.

Innerhalb einer Gruppe können neue Zugänge zu emotionalem Material erschlossen werden, indem bspw. die Teilnehmenden einer Supervisionsgruppe einen Gang durch das Gebäude ihrer Organisation unternehmen und an wichtigen Orten (Eingang, Büro, Küche etc.) verweilen. Die Mitglieder der Gruppe sollen nun Erinnerungen und wichtige Emotionen, die mit diesen Orten verknüpft sind, aussprechen; anschließend werden diese Eindrücke im Team genauer analysiert.

6 Abschiednehmen vom eigenen Beratungsraum

Fallbeispiel: Abschiednehmen vom letzten eigenen Beratungsraum

Die Supervisorin Elisabeth V., über zwanzig Jahre als selbständige Diplom-Supervisorin im Geschäft, entscheidet sich mit sechzig Jahren für eine größere Investition. Für ihre letzten aktiven Berufsjahre gönnt sie sich einen repräsentativen Raum in einer Rechtsanwaltskanzlei in einem Altbau. Sie schließt einen Gewerbemietvertrag über fünf Jahre ab, obwohl die Miete relativ hoch ist. Ihre Arbeit floriert, sie fühlt sich in der Umgebung wohl und es entsteht eine enge und tiefe Verbindung mit dem Raum. Er gibt ihr Sicherheit und Geborgenheit für ihr berufliches Leben.

Drei Jahre später geht ihr Mann in Rente und wünscht sich mehr gemeinsame Zeit, zusätzlich wird Elisabeth V. zum ersten Mal Großmutter und damit wachsen die Ansprüche im Privatleben. Ein Jahr darauf bekommt sie die bis dahin von ihr verdrängte erste Rentenzahlung, es folgen mehrere Schicksalsschläge: Einer der Rechtsanwälte, in dessen Kanzlei sich der Beratungsraum befindet, stirbt, die Stimmung unter den Mitarbeitenden kühlt ab, dann die Coronapandemie. Alle Aufträge brechen weg. Elisabeth Vs. erster Impuls ist, den Raum aufgeben zu müssen. Doch die letzte Phase ihres Berufslebens will sie selbst gestalten und nicht von äußeren Umständen bestimmen lassen. Sie verhandelt den Mietvertrag neu und bleibt. Der Raum gibt ihr Status, gesellschaftliche Anerkennung und das Gefühl, weiterhin Teil der berufstätigen Gesellschaft zu sein. Doch sie stellt sich zum ersten Mal die Frage: Wie möchte ich aufhören? Wer bin ich ohne Raum? Eine Supervisorin in Rente? Gleichzeitig spürt sie, dass die Kräfte nachlassen und sie länger braucht, um sich zu regenerieren. Sie will nicht zu den »Alten« gehören, was aber mit der Aufgabe des Raums deutlich würde.

Wie also den Veränderungsprozess gestalten? Elisabeth V. wird zum zweiten Mal Großmutter, die Tochter möchte in den Beruf zurück. Elisabeth V. entscheidet sich, deutlich weniger zu arbeiten, um mehr für die Familie da sein zu können. Schweren Herzens kündigt sie ihren Raum, ihr wird erst jetzt richtig bewusst, wie schwer ihr der Abschied von der Vollzeitprofession als Supervisorin fällt. Drei Monate später will sie ausziehen. Sie mietet einen kleinen Raum für zwei halbe Tage in einer Praxis – für ein Jahr auf Probe. Einer der Rechtsanwälte weist sie darauf hin, dass sie die Kündigungsfrist nicht eingehalten hat, nach ihrem Auszug muss sie noch drei weitere Monate für die hohe Raummiete aufkommen. Die Suche nach einem Nachmieter im Kollegenkreis bleibt erfolglos. Ihr Praxisschild hängt an der Tür, bis sie die Schlüssel abgibt.

Reflexion
Ein unbewusster Anteil hat die Kündigungsfrist verstreichen lassen und somit den Ablöseprozess in die Länge gezogen. Einen Monat nach dem Auszug geht Elisabeth V. noch einmal allein in den Raum, damit beginnt der eigentliche Trauerprozess. Die Atmosphäre des Raums, das Licht, der Geruch und die Spuren ihrer lebendigen Arbeitsprozesse holen sie wieder ein. Das unerfreuliche Nachspiel mit dem Rechtsanwalt verstärkt den Schmerz vom Abschied der Vollzeitprofession. Gleichzeitig ist die Endlichkeit des beruflichen und privaten Lebens bewusster geworden.

Räume und Gebäude kommen und gehen. Wir verlassen sie, um uns in neue zu begeben, Gebäude werden abgerissen oder umgebaut. Die Räumlichkeiten bleiben jedoch oft in unserem Inneren erhalten. Häufig beziehen wir uns auf sie oder sie tauchen symbolisch in unseren Träumen auf.[19] Jeder Abschied aus Räumen, insbesondere den eigenen, ist eine hochemotionale Situation. So beenden wir manche unserer Fortbildungen mit einem Gang durch die Räume (dazu gehören

---

19 So entstehen im großen Stil »ghost towns«, wie Bollas (2009, S. 48) sie nennt. Dies meint, dass wir uns in der Psyche häufig noch auf innere Bilder von Räumen und Erinnerungen daran beziehen, die real nicht mehr existieren.

der Eingang, die Schulungsräume, aber auch Küche, Flure, Bad etc.), in denen der Kurs stattgefunden hat, unterstützt durch Lautes Denken.

Den im Abschied verdichteten Emotionen müssen wir mit nicht selten damit einhergehender Trauer, nicht bewältigtem Ärger und Ängsten vor der Zukunft begegnen. Dies gilt in ganz besonderem Maße, wenn wir aus Altersgründen unsere Beratungsräume aufgeben, ohne zu wissen, was stattdessen an Neuem entstehen wird.

Der Abschied aus dem Berufsleben ist ein besonders einschneidendes und tiefgehendes Erlebnis, da dieser Trennungsprozess angesichts des bevorstehenden Lebensabschnitts die Themen von Leben und Tod berührt. Angestellte Berufstätige gehen in der Regel mit 67 Jahren in Rente. Unter entsprechenden Bedingungen entscheiden sie sich auch für die Frührente mit 63 Jahren oder die Altersteilzeit. Aber wann ist für selbständige Beratende der gefühlt »richtige« Zeitpunkt, ihre berufliche Lebensphase zu beenden und aus dem Berufsleben auszuscheiden? Supervisionen könnte man mit siebzig und darüber hinaus noch geben. Viele Supervisanden schätzen die Erfahrung ihrer älteren Kollegen oder Ausbilderinnen ganz besonders, zumal, wenn sie selbst höheren Alters sind. Themen ihrer Lebensphasen können so meist am besten reflektiert werden. Warum also aufhören, solange man in der Profession noch gefragt und gebraucht wird? Oder verlassen uns die Kräfte automatisch, sobald eine bestimmte Alterszahl uns vorgibt, wir *seien* alt? Oder sobald der Rentenbescheid ins Haus flattert? Auch müssen wir uns fragen: Spielt sich das Leben jetzt nur noch zu Hause ab? Vermissen wir die Orte, die Öffentlichkeit und den gesellschaftlichen Anschluss mit sich bringen? Wie erfahren wir Selbstwirksamkeit und Teilhabe am gesellschaftlichen Leben?

Die Bedeutung der Arbeitsorte wird uns, so zeigt das Fallbeispiel, dann besonders bewusst, wenn wir sie »verlieren« bzw. aufgeben. Fremde Beratungsräume eignen sich Beratende nur übergangsweise für die Dauer des Beratungsprozesses an, mit dem eigenen Beratungsraum, der auf seine Weise meist viele Jahre mitgearbeitet hat, ist das anders. Er ist selbst gewählt und gestaltet, mit vielen Erinnerungen und Erfahrungen verknüpft. So ist oftmals eine intensive, emotionale

Beziehung gewachsen und wir fühlen uns mit dem Raum verbunden. Er ist Teil unserer beruflichen Identität und Heimat geworden. Aber wir werden uns irgendwann von ihm verabschieden *müssen*. Doch wie? Tröstlich sind vielleicht folgende Überlegungen: Der Raum selbst war bei der Anmietung schon vor uns da. Wir haben ihn vom Vormieter übernommen und er wird bleiben, wenn wir ihn an die Nachmieterin weitergeben. Wir sollten froh sein, wenn der Raum in gute Hände kommt. Und statt die Realität des Abschieds zu verleugnen, hilft es, ihn mit Ritualen erlebbar zu machen, zu bewältigen: Vielleicht möchten wir etwas in einen Holzbalken ritzen, ein kleines Stück Tapete mitnehmen oder unsere Erinnerungen durch ein Foto wachhalten? Und vor allem dürfen wir nicht vergessen, dass wir als selbstständige Beratende die Möglichkeit haben, den Übergang vom Arbeitsleben in den Ruhestand, gleichzeitig das *Wie* des Übergangs, oftmals auch selbst mitzugestalten.

Dank

Ein Buch stellt oft nicht nur die Leistung der Autoren dar, die auf dem Buchcover stehen und die die Verantwortung für die Inhalte tragen. So gibt es auch hier Menschen, die direkt und indirekt zum Gelingen beigetragen haben. Als Autor:innen möchten wir uns an dieser Stelle ganz herzlich dafür bedanken:

Danke an die Beratenden, die sich mit einem Fallbeispiel eingebracht haben: Esther Binder, Marlene Henken, Hardy Lech und Ansgar Münsterjohann.

Danke an Ansgar Münsterjohann für den Erfahrungsaustausch und die Korrektur des Textes zur Gruppendynamischen Sitzordnung.

Danke an Marie Lampert, Journalistin und Trainerin, für unsere wertvollen Gespräche und Auseinandersetzungen zu Text und Inhalt.

Danke an Volkmar Müller, Architekt, für den Austausch und das Erstellen der Grafik des Buchcovers.

Danke an Miriam Schmitz für redaktionelle Arbeiten und Unterstützung.

Dank an die Lektorin Dorothee Emsel, die das Manuskript so gedanken-genau gelesen und ihre Verbesserungsvorschläge so rücksichtsvoll eingebracht hat. Eine sehr wertvolle Begleitung zum Werden des Manuskripts.

Literatur

Armstrong, D. (1991). The »institution-in-the-mind«: reflections on the relations of psychoanalysis to work with institutions. Paper presented at a conference: Psycho-analysis and the Public Sphere, East London Polytechnic.

Bachelard, G. (2020). Poetik des Raumes (13. Aufl.). Frankfurt a. M.: Fischer.

Baier, F. X. (2000). Der Raum. Prolegomena zu einer Architektur des gelebten Raums. Köln: Buchhandlung Walther König.

Beumer, U. (1998). »Schläft ein Lied in allen Dingen …« Dingliche Objekte und räumliche Szenarien in der psychoanalytischen Organisationssupervision. Freie Assoziation 1 (3), 277–303.

Beumer, U. (2008). Tisch und Stuhl – Bindungs- und integrationsfördernde Objekt-Beziehungen in der Fortbildung und Beratung von Organisationen. In A. Ahlers-Niemann, U. Beumer, R. R. Mersky, B. Sievers (Hrsg.), Organisationslandschaften – Sozioanalytische Gedanken und Interventionen zur normalen Verrücktheit in Organisationen (S. 303–324). Bergisch-Gladbach: EHP.

Beumer, U. (2010). Sitzordnungen – die heimlichen Erzieher. Gruppenpsychotherapie und Gruppendynamik 46, 152–169.

Beumer, U., Hoyer, T. (2010). Lern-Räume. Grundlegende Überlegungen zur Psychodynamik von Architektur und Bildung. Freie Assoziation 13 (1 u. 2), 21–49.

Bion, W. R. (1997). Lernen durch Erfahrung. Frankfurt a. M.: Suhrkamp.

Bollas, C. (2000). Die Genese der Persönlichkeit: Psychoanalyse und Selbsterfahrung. Stuttgart: Klett-Cotta.

Bollas, C. (2009). The evocative object world. London: Routledge.

Bollnow, O. F. (2010). Mensch und Raum (11. Aufl.). Stuttgart: Kohlhammer.

Castells, M. (2001). Der Aufstieg der Netzwerkgesellschaft. Das Informationszeitalter. Leverkusen: Leske und Budrich.

Cooper Marcus, C. (1995). House as mirror of self: exploring the deeper meaning of home. Berwick, Maine: Verlag Nicolas-Hays.

Daft, R. L. (1983). Symbols in organizations: A dual-content framework for analysis. In L. R. Pondy, P. J. Frost, T. C. Dandridge (Eds.), Organizational Symbolism (pp. 199–206). Greenwich, CT: JAI Press.

de Botton, A. (2008). Glück und Architektur. Von der Kunst, daheim zu Hause zu sein. Frankfurt a. M.: Fischer.

Döring, J., Thielmann, T. (Hrsg.) (2008). Spatial Turn. Bielefeld: transcript.

Ellard, C. (2018). Psychogeografie – Wie die Umgebung unser Verhalten und unsere Entscheidungen beeinflusst. München: btb.

Fell, M. (2008). Raumdidaktische Anforderungen an Bildungshäuser und -räume. In C. Dehn (Hrsg.), Raum + Lernen – Raum + Leistung. Strukturbedingungen kontinuierlicher Qualitätsentwicklung (S. 29–46). Hannover: Expressum.

Fell, M. (2009). Häuser und Räume der Erwachsenenbildung. In T. Fuhr, P. Gonon, C. Hof (Hrsg.), Handbuch der Erziehungswissenschaft, Bd. II, Erwachsenenbildung/Weiterbildung (S. 1203–1209). Paderborn: Schöningh.

Flade, A. (2008). Architektur psychologisch betrachtet. Bern: Verlag Hans Huber.

Freimuth, J. (1990): Herzlich beklommen – Zur Psychologie des Betretens fremder Gebäude und Räume. Organisationsentwicklung 8 (1), 52–62.

Goffmann, E. (2003). Wir alle spielen Theater. Die Selbstdarstellung im Alltag. München/Zürich: Piper.

Grieser, J. (2011). Architektur des psychischen Raumes. Die Funktion des Dritten. Gießen: Psychosozial-Verlag.

Guderian, C. (2018). Die Couch in der Psychoanalyse. Geschichte und Gegenwart von Setting und Raum. Gießen: Psychosozial-Verlag.

Hall, E. (1990). The hidden dimension. Hamburg: Anchor.

Hassink, J. (2003). Mindscapes – private and public: mapping the boundaries. Basel: Birkhäuser.

Haubl, R. (2000). Be-dingte Emotionen. Über identitätsstiftende Objekt-Beziehungen. In H. A. Hartmann, R. Haubl (Hrsg.), Von Dingen und Menschen. Funktion und Bedeutung materieller Kultur (S. 13–36). Wiesbaden: Westdeutscher Verlag.

Hellbrück, J., Fischer, M. (1999). Umweltpsychologie. Ein Lehrbuch. Göttingen: Hogrefe.

Henn, G. (2009). Möglichkeitsräume in der Architektur. Vortrag im Rahmen des Wissenschaftlichen Austausches am Sigmund-Freud-Institut Frankfurt am Main am 26.11.2009. Unveröffentlichte Präsentation.

Hutton, J., Bazalgette, J., Reed, B. (1997). Organisation-in-the-mind: A tool for leadership and management of institutions. In J. E. Neumann, K. Kellner, A. H. Dawson-Shepherd (Eds.), Developing Organizational Consultancy (pp. 113–126). London: Routledge.

Itten, J. (1970). Die Kunst der Farbe. Studienausgabe. Stuttgart: Urania.

Jüngst, P. (2000). Territorialität und Psychodynamik. Eine Einführung in die Psychogeographie. Gießen: Psychosozial-Verlag.

King, V. (2011). Beschleunigte Lebensführung – ewiger Aufbruch. Neue kulturelle Muster der Verarbeitung und Abwehr von Vergänglichkeit in Lebenslauf und Generationenbeziehungen. Psyche 65 (11), 1061–1088.

Kornberger, M., Clegg, S. R. (2004). Bringing space back. Organizing the generative building. Organization Studies 25 (7), 1095–1114.

Lohmer, M. (2022). Bion – Erfinder der gruppenanalytischen Arbeit. In G. Dietrich, F. Fossel (Hrsg.), Gruppenpsychoanalyse: Theorie, Geschichte und Praxisfelder der gruppenanalytischen Methode. Wien: Facultas.

Lorenzer, A. (1981). Das Konzil der Buchhalter: Die Zerstörung der Sinnlichkeit. Eine Religionskritik. Frankfurt a. M.: Fischer.

Löw, M. (2001). Raumsoziologie. Frankfurt a. M.: Suhrkamp.

Löw, M. (2022). Unternehmen kommunizieren mit ihren Räumen. Brand eins 24, S. 42–46.

Mahler, M. S., Pine, F., Bergman, A. (1980). Die psychische Geburt des Menschen. Frankfurt a. M.: Fischer.

Martens-Schmid, K. (2016). Wo Coaching zu Hause ist. Beratungsräume und ihre Gestaltung im kulturell-gesellschaftlichen Kontext. Wiesbaden: Springer Fachmedien.

Meisenheimer, W. (2004). Das Denken des Leibes und der Architektonische Raum. Köln: Buchhandlung Walther König.

Mitscherlich, A. (1965/1983). Die Unwirtlichkeit unserer Städte. Anstiftung zum Unfrieden. In A. Mitscherlich: Gesammelte Schriften. Hrsg. v. K. Menne. Bd. VII (S. 515–624). Hrsg. v. H. Wiegandt. Frankfurt a. M.: Suhrkamp.

Molcho, S. (2021). Territorium ist überall. München: Penguin.

Möller, H., Kotte, S. (Hrsg.) (2013). Diagnostik im Coaching. Grundlagen, Analyseebenen, Praxisbeispiele. Berlin: Springer.

Müller, A. (2008). Harmonie durch Feng Shui: Raumgestaltung mit Farben. Kunst & Material. Witten: ars momentum Kunstverlag.

Müller, A. (2020). In der Distanzzone. Wie gestaltet man Beziehung, wenn man sich nicht nahekommen darf? Zur Dynamik zwischen Mensch und Raum. Journal Supervision (2), 4.

Müller, A., Brünen, A. (2022). Home und Office. Die Botschaft der Räume. Journal Supervision (3), 9–13.

Petriglieri, G., Petriglieri, J. (2008). Identity workspaces: the case of business schools. Faculty & Research Working Paper. INSEAD.

Restnay, P. (1998). Die Macht der Kunst: Hundertwasser, der Maler-König mit den fünf Häuten. Köln u. a.: Taschen.

Ruhe, H. G. (2012). Methoden der Biografiearbeit – Lebensspuren entdecken und verstehen (5. Aufl.). Weinheim/Basel: Beltz.

Samida, S., Eggert, M. K. H., Hahn, H. P. (2014). Handbuch Materielle Kultur. Bedeutungen, Konzepte, Disziplinen. Heidelberg: J. B. Metzler.

Schlögel, K. (2003). Im Raume lesen wir die Zeit. München: Carl Hanser.

Schreiber, D. (2022). Zuhause. Die Suche nach dem Ort, an dem wir leben wollen (5. Aufl.). Frankfurt a. M.: Suhrkamp.

Selle, G. (1996). Die eigenen vier Wände. Zur verborgenen Geschichte des Wohnens. Frankfurt a. M.: Campus.

Sievers, B. (2006). »Vielleicht haben Bilder den Auftrag, einen in Kontakt mit dem Unheimlichen zu bringen« – Die Soziale Photo-Matrix als ein Zugang zum Unbewussten in Organisationen. Freie Assoziation 9 (2), 7–28.

Spear, W. (1996). Die Kunst des Feng Shui. Optimale Energie durch Gestaltung des Lebensraums. München: Droemer Knaur.

Visholm, S., Sandager, D. (2020). Space lost, space found – a psychodynamic perspective on spaces, places, architecture, and furniture inside and around us. Organisational and Social Dynamics 20 (1), 16–30.

Volkan, V. (1999). Das Versagen der Diplomatie. Zur Psychoanalyse nationaler, ethnischer und religiöser Konflikte. Gießen: Psychosozial-Verlag.

Winnicott, D. W. (1971). Vom Spiel zur Kreativität. Stuttgart: Klett-Cotta.

Winnicott, D. W. (1984/1993). Reifungsprozesse und fördernde Umwelt. Frankfurt a. M.: Fischer.